百年工匠

——打造百年企业，只做传世精品

回忆创业艰难历程

稳固企业发展根基

做百年企业

树百年品牌

张爱冬 著

山东城市出版传媒集团·济南出版社

图书在版编目（CIP）数据

百年工匠：打造百年企业，只做传世精品 / 张爱冬著. —济南：济南出版社, 2024.1
ISBN 978-7-5488-5823-2

Ⅰ. ①百… Ⅱ. ①张… Ⅲ. ①家具—制造工业—工业企业—经验—山东 Ⅳ. ①F426.88

中国国家版本馆CIP数据核字（2023）第152364号

百年工匠 BAINIAN GONGJIANG
张爱冬 / 著

出 版 人 田俊林
责任编辑 袁 满 杨珊卉 何 琼
装帧设计 宋英敏

出版发行 济南出版社
地　　址 济南市市中区二环南路 1 号（250002）
总 编 室 （0531）86131715
印　　刷 山东黄氏印务有限公司
版　　次 2024年1月第1版
印　　次 2024年1月第1次印刷
成品尺寸 170 mm × 230 mm 16开
印　　张 11.75
字　　数 119千字
定　　价 32.00元

序

文 / 曹新民

如今放眼中国，人们已把对传统红木家具产业发展的期待目光，更多地聚焦在了山东莱芜，并将带动这一产业发展的坐标锁定在了“巧夺天工”。作为中国传统家具产业蓬勃发展的亲历者，我在与“巧夺天工”零距离接触之后，可以负责任地说，这一历史使命必将由“巧夺天工”来担负。

山东莱芜位于鲁中腹地，棋山脚下，汶河源头。作为历史悠久的文化名城，这里自古就是兵家必争之地。春秋时期，这里即有“长勺之战”闻名于世；解放战争时期，莱芜人在莱芜战役中表现出的大无畏精神和气魄胆略可歌可颂。如今，“巧夺天工”依托山东莱芜地域，率先建起本土家具市场。从萌芽初创到日益兴盛，“巧夺天工”逐渐成长为一家敢于创新的传统红木家具企业。

“巧夺天工”工业园区内 11 万平方米的钢结构标准化厂房、气势恢宏的博物馆，以及由园林绿化工程所营造的怡人环境都令人流连忘返，但留给我印象最深的，还是其旗下的千人精英团队。团队中的成员个个训练有素、技术精湛、纪律严明，大家心往一处想、劲往一处使，使得整个团队多年来一直保持着人员的极高稳定性。

“巧夺天工”的灵魂人物、公司的决策人张爱冬先生带领他的团队，以其独有的生存之道和竞争法则自立于变革与创新的潮头；以生产厂长刘春明为代表的企业管理精英们，本着科学的态度，实行了一系列行之有效的管理办法，使团队中的人际关系和谐且纯净，让员工能心无旁骛地专注于各自的本职工作，从而实现效益最大化的良性循环，确保了“巧夺天工”红木家具流水线生产成功运行。同时，在先进技术和装备的支撑下，流水线生产模式在实践中不断改进和完善，使传统榫卯工艺能够通过数控加工真正得到传承，实现了高效率的加工与制造，也使其工艺制造水平跃居全国一流。“巧夺天工”对传统家具生产模式的体制性变革、洁净化生产及生产安全化管理，都为中国传统家具当代制作的具体实践提供了鲜活的经验，推动其走向发展创新之路。

回顾当代中国传统硬木家具行业的发展历程，可以看到其大致经历了从以北京、江苏苏州、广东广州等地为主的传统家具外贸出口企业发展的阶段，到 20 世纪 80 年代以中国香港、中国台湾等地为主投资红木家具企业的相对成熟发展的阶段，再到以广东中山、河北大城、福建仙游、浙江东阳等地为主的产业集群发展阶段。而今，在经历了“井喷”式的发展之后，产能过剩、市场无序竞争等问题的加剧，使这一行业遭遇了最为迷茫的瓶颈期。

应当说，我与山东莱芜有缘。与莱芜本土企业家张爱冬先生的相识、相知，使我对“巧夺天工”有了深层次的理解与认同。在我有生之年，能再次见证中国传统家具产业的进步与跨越式发展，使我更有了“老夫聊发少年狂”的信心与勇气，有幸与爱冬及其“巧夺天工”团队为伍，将使我的晚年生活在我挚爱的专业领域更富于激情，更富于使命价值与人生意义。

“巧夺天工”集旗下所有精兵强将，致力于中国传统家具制造业。先前，企业已将十几年的红木家具专业制作经验凝结于《巧夺天工》一书，毫无保留地奉献给整个行业。这本书不但揭开了红木家具制作的神秘面纱，还向大众普及了产品制作过程中相关工艺的专业知识。近日，“巧夺天工”又将出版《百年工匠》一书，讲述决策人 20 多年的艰难创业历程及其团队建设、企业管理经验。可以说，企业的这些做法在业内树立了榜样，让消费者看到了希望。请允许我为他们击节叫好，为他们点赞。

决策的世界没有既定的规则，唯胆识与魄力能够创造规则。今天，作为中国传统家具当代制作的变革者，“巧夺天工”的企业决策人张爱冬先生为这个行业树立了为人做事的标杆，其求真务实、乐观向上的人生态度正逐渐成为引领企业高质量发展的强大精神力量，彰显着“巧夺天工”这一企业品牌的担当与作为。同时，通过精品传统红木家具的打造，使蕴藏其中的红木文化能够得到进一步发掘和传承，进而扩大红木家具所带来的文化影响和社会效益，并惠及广大消费者。

（本文创作于 2018 年 10 月）

曹新民:

国家标准《红木家具通用技术条件》(GB/T 28010—2011)主要起草人

行业标准《深色名贵硬木家具》(QB/T 2385—2008)主要起草人

中国红木家具技术专家

中国家具协会传统家具委员会高级顾问

山东省家具协会红木专委会顾问

中山市红木家具行业协会顾问

中山市红木家具工程技术研发中心总工程师

“中国家具产业集群突出贡献奖”获得者

“中国林业产业突出贡献奖”获得者

前言

文 / 张爱冬

德国有 8000 多万人口，打造的百年企业及品牌享誉全球；中国有 14 亿多人口，拥有的百年企业及相关品牌数量却远不及德国。全球市场上的汽车、电器、医疗器械等产品的供应大都被国外企业垄断，这不能不令我们反思。

2007 年，我们转型生产红木家具。在考察市场时，我们发现大部分红木家具都粗制滥造，这让我们感到很失望。我国的家具文化源远流长，在人类历史的发展进程中扮演着重要的角色；同时，红木家具又是传统文化的重要载体，我们有责任和义务将红木家具文化传承下去、发扬光大，做经得起检验、值得收藏和传世的精品！既然选择了做红木家具，就应该向那些世界品牌看齐。从那时起，我就确立了“打造中国红木家具第一品牌”的奋斗目标。

真正干起来后，却不是那么容易。资金周转、技术培训、人员管理等诸多方面的重大难题都摆在我的面前，使我感到压力巨大。一次偶然的机会，我看到一篇关于“解密德国百年企业”的文章。这篇文章使我深受启发。那时，虽然我们的红木家具生产才刚刚起步，并且困难重重，但是我们的一些做法和坎坷的经历，与德国那些百年企业有很多相似之处。我想，他们那种敢为人先、精益求精、百折不挠的工匠精神，不也正是我们所推崇并为之奋斗的吗？文中引用了一位名叫莱恩哈特的德国木匠的一句话："我总是想让人们的日常用品既实用又美观，这样有教养的人就不用再添置别的东西了，我为此感到荣耀。"这和我们的目标简直如出一辙。于是，我们下定决心，大胆地采用现代工业企业的生产管理模式，技术上有困难就不断改良创新，管理上有问题就不断改革完善。我们经过十几年的实践和探索，最终将流水线生产模式成功运用到红木家具的制作中，并实现了标准件生产、智能化制造，闯出了一条与众不同的企业发展道路，打破了业内无法对红木家具进行流水线生产的桎梏，开创了红木家具流水线制作的先河。

曹新民先生考察了我们的生产流程以后，感慨地说："红木家具的制作从明清时期到现在，几百年来，一直沿用手工作业的模式，你们智能化生产模式的成功运行，使智能制造彻底改变了红木家具手工作业的格局，传统榫卯工艺通过数控加工真正得到了传承。看到这一切，我十分欣慰……"

听说我们要出一本关于企业发展历程的书，有客户建议我们将它命名为《百年工匠》，因为中国的很多企业都做不长久，民营企业的平均寿命也只有 3.7 年，而"百年"一词具有很强的历史感，对于一个企业来说，想要做到"百年"是很难达到的目标。客户希望我们能向德国的优秀企业学习，朝着"打造百年企业"的目标努力，这恰好说出了我的心声。

仔细分析德国的百年企业，它们通常具有以下特点：

1. 企业管理结构简单，运作灵活，对市场的反应速度快。

2. 企业发展稳健，多专注于某一领域。

3. 具备工匠精神，对产品的打造追求完美。

4. 企业注重研发与创新，有自己的多项专利，老板通常也是技术研发的主力，并亲力亲为搞创新。

以上几点，也正是我们多年来顶着各种压力所坚持推行的管理标准与行为准则，这更加坚定了我打造百年企业的信心和决心。所以，我们选择把本书命名为《百年工匠》，并在书中将要着重表达的内容以加注下划线的形式予以强调。打造百年企业，是每一位优秀的企业家永恒不变的追求。我们“巧夺天工”也要做百年工匠，树百年品牌，创百年基业。

目　录
contents

第一章

人生导师

人生导师

01

我的「傻」姥爷

姥爷在村子里是出了名的"傻"，他的很多做法不仅外人会笑话，就连家里人也常常不理解，而姥爷的这种"傻"却在我的心里烙下了深深的印记。

在那个年代，大部分人都吃不饱饭，可我们家却因一直受姥爷的资助而从没有挨过饿，现在想来，也很是怀念。小时候家里很穷，姥爷经常会在晚上给我们送菜送粮，还送柴火。奶奶常对他说："不要总是想着闺女家，当儿子的会有意见。"姥爷听后总是哈哈一笑，说："每人都有一份。"

随着慢慢长大，我逐渐了解了姥爷的很多事情。姥爷之所以总是那么晚到我家，甚至有时候我们都已经睡下了他才来叫门，是因为那时的人白天都在生产队劳动，只有晚上才有时间去干自己的活。姥爷每天的睡眠时间只有常人的一半，他很少在晚上 12 点以前睡，又总是天不亮就起来。那时大家都很穷，但在我眼里，姥爷家是很富裕的，后来我才明白，这都是勤劳的结果。

当时，大家都在生产队干活挣工分，姥爷除了白天在生产队干活外，还会利用晚上和早起的时间开垦荒地、种菜卖菜等；下雨的时候，大家都闲在家里，姥爷却会穿上蓑衣、戴上草帽下地干活，邻近村庄的人都知道，周边村庄到处都有他开垦过的荒地。姥爷身材高大，有力气，一个人能干两个人的活。在那个年代，一般人家连自给自足都很难做到，姥爷却能在自己丰衣足食的同时，照顾着我们。

姥爷不仅对我们照顾有加，对自己的母亲更是体贴孝顺。

冬天为了取暖，他会给母亲垒起火炕，并且早起晚睡地收拢干柴。临睡前，他会先把火炕烧热，为了保持火炕的温度，半夜里再起来添柴。早上醒来，姥爷的第一件事就是去他母亲的房里看一下——把母亲照顾得无微不至。其实，姥爷的母亲是继母。为此，很多人都说："又不是亲娘，用得着这样吗？"但姥爷说："正因为这样，才应该照顾得更好。"

以前，姥爷在村里负责为部队征收军粮和布匹。有一次，粮食收得不够，他就把自己家的粮食拿出来交上，因此遭到家人的反对，可他却觉得这么做合情合理："我就是负责这个工作的。再说了，现在每家每户的日子都过得很紧巴，粮食没收够，我就自己补上，这也很光荣。"后来，每次说起这件事，姥爷总是哈哈大笑。

姥爷那时在生产队看菜园，只要看好菜园就算完成任务了，但姥爷是一个闲不住的人，除了看好菜园，他还无偿包揽了打扫厕所、清理院子、种菜浇水的活路。大家都说姥爷傻："这又不是你该管的事，况且也没有工钱，干这么多有什么用？"姥爷却说："闲着也是闲着，我多干点，集体就能多收入点。"

生产队菜园的水井需要整修，姥爷多次跟队里反映，但是一直没有得到答复，姥爷就自己一人下水淘井维修。淘井一般需要两个人，一个人下到井底，把淤泥铲进木筐里，另一个人在上面用绳子把木筐拉上来倒掉淤泥。由于只有姥爷一个人干，他需要先下到井底铲淤泥，再上来拉木筐，这样反复很多次。结果，姥爷在这个过程中不慎跌落，把腰摔伤了，很长时间才康复。为此，家里人很生气，说："队里的井队里修，你瞎操什么心！"姥爷说："井里的水不够用，黄瓜都旱死了，我实在看不下去。"

这些事从小印在我的脑子里。在那个贫穷的年代，一个勤劳能干的老人，能惠及好几代人，我们都是受益者。姥爷去世的时候，我万分悲痛，很长时间也调整不过来。

姥爷的一生是勤劳的一生，是"傻"的一生，是只知道付出而不图回报的一生，不管和谁在一起，他永远都是吃亏的那一个。

人生导师

02

勤劳的母亲

母亲是孩子的第一任老师，母亲的品质影响孩子的一生。一个家庭，哪怕穷得家徒四壁，但只要有一个勤劳善良、勤俭持家的母亲，就是一个温暖、有希望的家。

我儿时所处的年代和现在大不相同，那是一个贫穷的年代——物质匮乏，不动手劳作就难以维持生计，一日三餐有什么做什么，做什么吃什么。大部分家庭里孩子多，能填饱肚子就已经不错了，很多人家以吃煮地瓜为主，饭菜种类单一，衣服也是补丁摞补丁，能穿就行，大孩子穿过的衣服留给弟弟妹妹穿。但在我的印象里，从儿时起，我们就穿着整洁的衣服，吃着丰盛的饭菜——煎饼、馒头、各种蔬菜、茄盒、馅饼、水饺……母亲的厨艺很好，也正因如此，我吃习惯了家里的饭菜，在外面吃饭总是不习惯。这是我儿时的美好回忆，现在想来，这一切都是母亲持家有方、辛勤劳作的结果。

那时，每家都有自留地和一块不大的菜园，饭桌上的蔬菜都是自家菜园里种的，不大的菜园也不是每家都能管理得好。母亲在菜园里种了很多种蔬菜，从我很小的时候起，母亲就安排我放学后从水井里提水浇菜，每天一次。这对于年龄不大的我来说，是一件很累的事，我也很不理解：其他家的孩子怎么都不干这些活？他们也没有天天浇水，为什么我们要天天这样？母亲对我说："你的想法是不对的，他们不干这些活，就管理不好菜园，也就吃不到这些可口的饭菜，所以很多人家一天三顿吃咸菜。我们平时吃的茄盒、馅饼好吃吗？如果菜园种不好，还能吃到这些吗？"我领会了母亲的意思——想要吃得好就要辛勤劳动，做什么事都要做好；既然种了菜，就要管理好。

母亲腌了一手好咸菜。在生产队集体劳动后，大家一起吃饭，我带去的咸菜总是很快被“洗劫一空”，大家都说好吃。母亲曾经对我说：“腌咸菜也要用心，首先要准备一个质量好的瓷缸，选新鲜、光滑、个头大的辣疙瘩，按照4：1的比例放盐；加水时，要先把干净的水烧开凉透；腌制过程中最怕油和雨水……”这种腌制手法，我一直保留到现在。

母亲不仅饭菜做得好，还会把我们一年四季的衣服准备得充足妥当。换季的衣服都洗干净，整齐地叠放在柜子里，尤其是冬天的棉衣，提前好几个月就准备好了。每年入冬时，很多同伴穿不上棉衣，有的还穿着去年的衣服，破破烂烂的，而我们则能及时地换上整洁得体的衣服。母亲总能把事情提前安排得井井有条，这在那个吃不饱、穿不暖的年代，是一件很幸福的事。

母亲是个很有主见的人，她经常教育我，不要总听别人说，要有自己的主见。比如，对一种蔬菜什么时候播种、怎么管理、什么时候收获，自己要做到心中有数，不要看别人做什么就跟着做什么。

有一年，看到大家都种白菜了，于是我也开始催促母亲。母亲说：“虽然已经到了种白菜的季节，但今年天气热，白菜种早了容易长斑腐烂，可以再等几天。”

我说：“我听人家说，白菜种晚了长不好。”

母亲则说：“不要紧，虽然晚种了几天，但只要管理好了，按时施肥浇水，照样能有好收成。”

做事提前计划好，有主见，不怕费事，做就做好——母亲的这些品质对我产生了深远的影响，成为我一生的做事准则。

人生导师

03

我的老师

每个人的一生都会有很多老师，有人教你知识，有人教你技术，有人教你做人做事的道理，而对我影响最大的，则是教我木工技术的老师，也就是我的大舅。

初中毕业后，我在生产队务农两年。母亲说：“长远打算，你必须学一门手艺。”在那个年代，木工技术不是谁想学都能学的，需要有“关系”才能拜师学艺，并且学徒3年期间没有工资。但是，一旦掌握了这门手艺，就足以养家糊口。我的大舅是老木工，我也就借着这个便利条件跟着大舅学习木工技术。

那时，大舅每天能挣4块钱，而我们这些学徒每人每天能挣3块钱。学技术不但不用交学费，还有工钱拿，这在当时是不可能的，也从没听说过。

按理说，挣了钱多少给我们一点就可以，但是大舅几乎是与我们平分的。对此，大家都很难理解，大舅则说：“你们虽然没有技术，但都不少出力，都不容易，也都不是外人，这些钱应该给你们。”我知道，这只是他让我们安心的一种说法，有的学徒并不是大舅的家人或亲戚。大舅对每个学徒都一样，他有一颗宽厚无私的心——不只考虑自己的利益，还能体谅大家的不易；不仅要把手艺传下去，还要让大家都挣到钱。

那时候，木工老师对学徒都只是简单地指点一下，然后就去喝喝茶，剩下的工作都交给学徒们去干。大舅却不这样，他总是第一个到工地，带头干活，最后检查收工，最晚一个离开——日复一日，年复一年。那时，大部分老师对徒弟都会有所保留，有些人为了不让手艺外传，只教给自己的孩子，大舅却一视同仁。

不管是家人、亲戚还是其他人，只要想学，他就给他们机会干，并且毫无保留地传授技艺。

有一年暑假，村里的学校需要定做一批桌子、板凳，但因为费用太少、赚不到钱，迟迟没有人愿意干。村里的干部和学校的领导找到大舅，说明了情况，大舅很痛快地就把这个活揽了下来。由于前期拖的时间太久，学生开学的时间又不能变，工期非常紧张，我们只能起早贪黑、加班加点。大家都在抱怨，认为不该揽这个活，不仅不挣钱，时间还这么紧，也不知道对方什么时候才能结账。大舅说：“你们不要这样想，咱们是在给学生做桌凳，学校里没有多少钱，总不能让孩子们开了学还没有桌凳用吧。”

大舅为人正直，平日里最看不惯不公正的事，别人有做得不对、不好的地方，他总会给予批评指正；听说哪家的孩子不孝顺，他也很生气，经常会说给我们听，教育我们应该怎样做人做事。时间久了，听得多了，我们也明白了很多道理。

大舅是我的老师，他不仅向我传授了木工手艺，还为我树立了做人做事的榜样。如今，大家都说在“巧夺天工”工作工资高、待遇好，还能学到技术，其实我的这些做法都是受大舅的影响。他那种为人正直、身体力行、大爱无私的精神时刻指引着我，让我不忘本心，奋勇向前。

姥爷、母亲、大舅都是我一生的贵人，他们的品质深深地影响着我，我看在眼里、记在心里，满怀感激之情。可惜他们都走得太早，我没能为他们做任何事情，这是我人生中最大的愧疚和遗憾。我想，只有将他们的品质更好地传承、发扬下去，才对得起他们。如今，我选择了红木家具事业，就要尽我所能把红木家具做到极致，惠及社会，惠及广大消费者。

第二章

艰难的历程

艰难的历程

01

书籍是人类进步的阶梯

1979 年，我 15 岁，在村里上中学。当时，我的学习成绩一般，但酷爱古典历史小说，经常看书看到深夜。初中毕业后，我来到生产队务农，干着大人们干的活……

那时，大家都在生产队干活挣工分。我虽然年龄小，却能顶一个成年劳力用，推一天车能挣 10 个工分，而有些比我大好几岁的人，拉一天车只能挣 7 个工分。当时，不管谁家盖房子，大家都是相互帮忙，我也常常去左邻右舍无偿帮工，用木推车推石头，一干就是很多天。这期间，我吃了不少苦头，也体会到了农民的不容易。因年龄小、劳动强度大、长期超负荷劳作，我的身体严重透支，此后十几年都未能恢复。

从 17 岁开始，我跟着我的老师，也就是我的大舅，学习木工技术。那时，还没有先进的机械设备，拉锯解料、刨料、开榫打卯等全都要靠手工操作。其中，做门窗刨料是最累的活，一天干下来，手肿得像个馒头似的，第二天疼得不敢拿东西，但还得继续干。打卯时，需要斜坐在木料上，一连好几天都是一个动作，最后脖子僵硬，双腿发麻，浑身疼痛，很多天都调整不过来。现在想来，主要是因为我当时年龄太小，领悟得不透彻，技巧掌握得不好，所以干起活来就特别累。

虽然学习木工技术时遇到了很大困难，但我回想起在生产队务农的那段时间，即使吃了很多苦也只能勉强解决温饱问题，便意识到，要想真正摆脱贫穷就只能学技术，不能怕吃苦。因此，我最终还是坚持了下来。

几年后，一心想脱贫致富的我有了自己的打算，想自立门户，钻研制作家具。于是，我说服父母，借钱买了一台刨锯机——这是黄庄镇的第一台木工机械设备。那一年，我 20 岁。

以前干的都是门窗制作等粗活，家具制作方面的活从来没干过，一切只能从零开始。为了学习技术，我先后多次到莱城（今济南市莱芜区）和新泰的家具厂去看，可越看越觉得难，越看越发愁——毕竟从来没接触过，不懂的地方太多了！“怎么办？总不能还没开始干就打退堂鼓吧……”就这样纠结了一段时间后，我想，还是得去书店看看有没有这方面的书。于是，我骑上自行车，到了新华书店。

刚进书店的门，我就迎面看到了一行大字：书籍是人类进步的阶梯。这句话让我为之一振，感觉来对了地方。当看到书架上摆放着木工入门、木工识图、木工技术、工具制作、油漆理论、家具拼色等图书时，我欣喜若狂，如获至宝。家具的制作过程在书中都有详细的讲解，我看得十分入迷，一直看到书店下班。后来，我又骑着自行车，跑遍了莱芜、新泰、沂源等地的新华书店，把所有与木工相关的书都买回了家，从学习看图纸开始，到了解工具使用、构图画线、结构框架等，逐渐对家具的制作流程有了比较全面的认识。从那时起，我也和书结下了不解之缘。

理论知识虽然掌握了一些，但真正实践起来却并没有那么简单，各种难题接连不断地出现。

当时，在制作框架式家具时，后背板通常会使用纤维板，两边的侧板则使用胶合板。我先把纤维板钉在框架上，将它们组装好，但到了第二天，它们全都变形鼓了起来。看到这种情况，我当时就蒙了，不知道这是怎么回事。一连想了好几天，我都没有想出原因，翻遍了买回来的书也没找到相关的介绍。后来我不死心，又试着去了趟书店，结果还真找到了这方面的书。

原来，它们之所以会变形鼓起来，是纤维板夜间吸潮涨料所致。在使用纤维板前，必须用湿毛巾把板子的表面浸湿，让板子充分吸潮涨料，然后再把它们钉到框架上，这样就不会出现起鼓的现象了。后来，我又反复试验了多次，才掌握好用水量。

书本上的知识，有些并不全面，有些也不完全对，如果一味照搬照抄有时就会误事。

家具框架做好后，需要在表面粉刷油漆。刷油漆时有三个步骤：首先是在家具表面刮腻子，并打磨平整，其次是刷调和漆，最后是画木纹，刷清漆。

我严格地按照书上的要求进行操作，可看似很简单的事，在第一道工序上就出现了大问题——所有的家具在刮完腻子晾干后，用砂纸进行打磨，却怎么也打磨不动，家具表面非常坚硬，不知是哪里出了错。我反复比对书里的内容，心想：操作上没有任何错误啊！但如果不把板子的表面打磨平整，后面的活就没法干。无奈之下，我只好硬着头皮刮。那时，还没有砂光机等机械设备，我只能轮流使用十几个刨刀去刮家具。一连刮了好几天，最后累得腰酸背痛，连大拇手指都肿了。这件事使我感到很迷茫，想到接下来的活技术难度更大，不知道还会出什么问题。

我歇了几天，也想了几天，决定不能再蛮干了，有些问题从书本中可以找到答案，但有些问题仅凭书本上的知识是解决不了的。那时正值改革开放初期，全国出现了很多技术培训学校，我就带着满腹的疑惑去了肥城县老城油漆技校，学习油漆粉刷技术。通过和老师交流我才知道，刮腻子时用书上所写的“大白粉”是不合适的，应该用“滑石粉”——老师简单的几句话就解开了我的疑惑。

学成后，我回家接着干。刮腻子时，我发现家具的拐角处和圆弧处无法使用刮刀，用手指直接涂抹的效果最好。但没过多久，我的手就开始发痒、脱皮，最后肿了起来。去医院检查，医生说这是油漆中毒，后来经过几个夏天的治疗，我的手才慢慢康复。

由于当时的条件差，没有单独的生产车间，所有的家具活都要在自己家的院子里干；待家具成型后，刮腻子、刷油漆等活路也只能在堂屋里干，没有通风、除尘等设备。长期处在这种环境下，致使我的肺部感染。经过治疗，虽然基本康复，但还是落下了支气管炎的病根，连续几个夏天都要吃中药调理。

遇到了各种难题，经历了很多磨难，又经过反复的学习和实践，我终于比较全面地掌握了家具的制作技术，各种活路也都干得得心应手，就这样一直干了十几年。

现在想来，正是这段艰苦的岁月磨炼了我的意志，培养了我吃苦耐劳、不怕困难、想方设法解决问题的品格，为后来的发展打下了良好的基础。

艰难的历程

02

「凹凿子」「凸刨子」

1995年，31岁的我在黄庄供销社西邻正式成立了新星家具厂。家具厂共有6间瓦房，我们全家都搬到了厂里居住。我住的房屋前面是油漆房，后面是生产车间，每天屋内的窗台上都会落下一层厚厚的锯末，生活环境十分恶劣，厂里的门卫也因油漆过敏而换了好几个。但为了便于干活和管理，我们全家在这里一住就是17年（因此对身体造成了很大伤害），直到2012年才搬离厂区。

家具厂成立初期主要生产藤制沙发、组合低柜等普通家具。那时的家具厂商一般不提供送货服务，客户购买家具后需要自己安排车辆运送，这给客户带来了很大的不便。建厂后，我考虑的第一个问题就是购买一辆货车，为客户免费送货。由于当时没有足够的资金，我只能跑遍整个村子去借，左邻右舍、亲朋好友，或借200元或借300元，最后共借到25000元。我花费21000元买了一辆“金杯”汽车，从此，大刀阔斧地干了起来。

干起来之后又遇到了一系列的问题。第一个难题是招聘不到合适的技术工人。厂里招来的工人大部分都不会干活，那些平日里被左邻右舍、十里八村所公认的“大师傅”，也都不懂“规矩”、不知“方圆”。幸亏我之前看过很多木工方面的书，于是，我就从工具制作开始，手把手地教他们：磨凿子时要把凿刃中间磨得略低，这样才能让两个角当脚“走”；磨刨刀时要把刨刀中间磨得略高且带弧度，两个角要倒一下，也就是平时所说的“凹凿子”“凸刨子”；刨刀的角度要根据刨子的长短来定，长刨子的角度一般是50°，粗刨子的角度是40°~45°，小光刨的角度则要达到 55° 以上。师傅们不懂这些，他们之前使用的刨子差不多都是一个角度，而且他们的小手锯的锯齿也是高低不平，干起活来“活蹦乱跳”，很不稳当。我观察后发现，他们拨锯料时用的是“左—中—右—中”的错误方式，这就导致锯齿的两边都已经磨光了而中间的地方还用不到，打个比方就是“少数人干活，多数人闲着”。他们也不懂得“平齿”（把高的锯齿磨掉后重新锉平），只是这样凑合着用。正确的做法是用“左—右—中”的方式拨锯料，等小手锯使用一段时间后再进行“平齿”，这样工具用起来会更稳当，干活效率也更高。

工具调整完后，我看到他们刨料的方法也不对——胳膊伸不直、动作不到位。于是，我就亲自给他们做示范——前腿弓、后腿蹬，腰部带动身体和胳膊一起发力，这样动作幅度大、干活效率高，而且还不累。

有些老木工和我单独交流时，说：“你这么年轻，怎么知道得这么多？是跟哪个老师学的？”我说：“大部分是从书本上学的。”

在厂里挣着工资，还能免费学到技术，这本来是一件很好的事，但仍有很多员工不能虚心学习。他们不愿意学习新知识、不接受新鲜事物，墨守成规，甚至有人直接打起了退堂鼓。留下来的人，经过很长一段时间的学习，虽然慢慢掌握了一些知识、技术，但新的问题又出现了。当他们因制作的家具出现质量问题而在大会上被公开指出来时，他们就不痛快了。这些人都是平日里被认为“有手艺”且受人尊敬的人，他们中有的人说：“我干了这么多年，还没有人说我干的活不好。厂里这样做，我接受不了。”还有人认为，犯了错误可以私下指出来，没必要在会上公开说，还当着这么多员工的面，让人很没面子。我再三解释：“在会上提出来不是为了让你们难堪，而是为了提醒大家，避免其他人犯同样的错误。”但是，他们最终还是不接受我的解释，一走了之。我只能重新招人，从头开始一点点地教，但结果还是那样——一年下来，也没留下几个人。这种局面一直持续了两年。

残酷的事实摆在面前，是继续操心费力地干下去，还是就此作罢？那年春节期间，我思前想后：创业初期过程艰难是可以接受的，什么都可以慢慢来，但是员工长期不稳定是一个大难题——我意识到了问题的严重性，但一时又难以找到破局的方法……

“早知今日，何必当初？自己赚点钱，够吃够用就行了，现在已经大张旗鼓地干了两年，如果这时候把厂子关了，那脸上多没面子啊，又该怎么出门见人……”

1997 年年初，出人意料的事情发生了，厂里竟然来了很多应聘的人。经过交流我才知道，1995 ~ 1996 年间，我虽然没有赚到钱，干得很艰难，但是给员工的工资开得高，并且发放及时，大家听说后纷纷前来应聘。更可喜的是，一开工就有很多客户——前两年厂里管理严格，生产的家具质量好，得到了消费者的认可。形势的突然好转，使我失落的心又重新燃起了希望。

艰难的历程

03

过程比结果更重要

1996年，当时生产家具的材料是刨花板。在把刨花板组装完之后，先要在上面刮一层厚厚的腻子，等晾干后，再打磨光滑刮第二遍，一共需要刮三遍，最后喷上油漆。刚开始，我们不会干，于是招了一个外地师傅带着我们一起干，结果做出的成品在一段时间后，表面出现了坑洼——高低不平，特别难看。

制作家具时，需要把刨花板裁切成各种不同的尺寸，但刨花板的质地很粗糙，它是由刨花、树皮、小木块组成的，在加工的过程中，只要裁掉一小块就会带出一个坑，然后需要用腻子来将坑填实。我观察后发现，大家在刮腻子时存在几个很大的问题：一是第一遍刮的腻子太稀、水分大；二是刮前两遍腻子的间隔时间太短，虽然腻子表面看起来干了，可实际上里面还没有干透，时间久了就会出现坑洼。

于是，我重新制定了工艺流程，明确了正确的做法：第一遍的腻子要调得稠一些、硬一些，先把那些大坑填满填实，再全部刮一遍，这样刮一遍的效果比以前刮两遍的还要好；之前是当天刮完第一遍腻子，第二天接着就打磨，后来改为间隔一天，等第三天再打磨，而且这个间隔时间只适用于干燥的春、秋两季（冬天需要点炉子提高室内温度；夏天湿度大，还要多放几天，直到干透为止）。

新的流程标准实行后，我在检查过程中发现，大家有很多地方还是做不好。很多人在刮第一遍腻子填坑时，总是刮不实。他们不知道第一遍腻子的重要性，认为它不要紧，说："后面还有两遍呢！"岂不知，第一遍刮不好、坑洼填不实，后面再刮几遍都没用。我看出了问题的严重性，便立即召开会议，跟大家讲明："刮第一遍腻子就像盖楼房打地基，一定要引起重视。"然后，我又亲自给大家做示范：填坑也要分主次，先填大坑，再填小坑；大坑要两次填平，然后统一刮一遍。

在检查打磨环节的过程中，我又发现了问题：有的腻子硬一些，不好打磨；有的腻子很软，容易打磨。腻子是由白乳胶、滑石粉和水调兑而成的，有些人为了后期打磨起来轻松、好干活，就加大了水的比例。但这样一来，质量就无法保证。于是，我又重新制定了标准，定好了胶和水的比例，并安排专人调兑。

这道工序有问题，其他工序会不会也有问题？想到这里我很害怕，于是对各道工序逐一进行检查，果然都存在问题。之前我一个人干的时候，每项工作都能做得很到位，既能保证数量，又能保证质量；现在员工多了，他们中有的人想法很简单，只要把活干完，拿到钱就行了，其他的一概不管。

看到这个局面，我不禁吓出一身冷汗。我给每道工序都重新制定了详细的流程标准，并且亲自监督、检查，有的还要做示范，和大家一起研究怎样才能做到最好。制定流程标准相对简单，因为每道工序我之前都干过，而监督、检查则是一个长期的过程，会牵扯很多时间和精力，但我也只能亲力亲为，没早没晚地干。

干事业就要专心、投入。要想把产品做好，长久地干下去，每道工序都必须有严格的流程标准和规章制度，还要做好监督和检查工作，否则，再好的工艺流程也只是"一张废纸"。只有生产过程得到有效监管，才能保证有好的产品质量。

艰难的历程

04

星星之火 可以燎原

1997 年是具有转折性的一年，也是又苦又累的一年。随着人员的增多、公司规模的逐步扩大，公司每年都要扩建新厂房，资金十分短缺。没有办法，我只能向亲朋好友借贷，后来又从农村信用社贷了款，并且是月初贷、月底还，常常是“拆了东墙补西墙”，在资金问题上耗费了大量的时间和精力，这种状况一直持续了很多年。

此外，公司里的新员工较多，且大部分是零基础，必须从头教起。除了木工技术，刮腻子、贴木纹纸、喷油漆等工序也都是我亲自给他们做示范、定标准。由于是作坊式经营，大小事情都需要我亲力亲为。平日里，我安排完工作后，还要监督生产、检查质量、记账算账、接待客户，工作量极大，加之订货量多、工期紧，几乎天天加班加点，想在晚上 12 点前睡觉是不可能的。由于长时间熬夜，我的身体逐渐吃不消了，但就算生病了，我也只能在家里一边打吊瓶一边工作——到医院打吊瓶、休息一天，对我来说是一种奢望。好在这一年，工人们相对容易管理了，大家对于简单的批评，也能勉强接受了。

随着周边家具厂增多，竞争越来越激烈，大家都知道我们的管理严格、工人技术高，于是纷纷来“挖墙脚”。不少员工看到其他家具厂的管理松、要求低，觉得更好干活，便都愿意过去，这使人员状况变得很不稳定。1998 年春节过后，留下来的员工很少，我只能重新招人、培训，从头再来，这种局面也同样持续了很多年。有人说，“这简直是给同行办了一所人才培训学校”；我的家人也经常劝我，“能不能让一步，别要求这么高”。我想了很长时间，觉得若把要求降下来，就与我的初衷不一致了。我最初的想法是“要么不做，要做就做到最好，干出点名堂来”，如果要求松一点，那还不如不干，直接解散。考虑再三，我认为不能让步，还得咬牙坚持下去。

很多人面对批评，虽然能接受，但时间久了也就不当回事了，同样的错误屡禁不止，质量问题还是解决不了。这让我深刻地认识到，只靠批评教育是不行的。经过反复思考，我决定加大管理力度，对那些因马虎大意而在工作中造成低级错误的员工进行罚款。

那时，能让员工虚心接受批评就已经很不容易了，想让他们再接受罚款就更难了，何况还要因工作中出现的小问题而被罚款。比如，公司对迟到早退、无故旷工的员工进行罚款时，很多人干脆甩手走人，临走前还振振有词地说：“现在去哪里找不到工作？在哪里上班都能养家糊口，我不在这里受气。”

如今，按时上下班、有事情需要提前请假是再正常不过的了，而在20世纪90年代，大家的规则意识还没有这么强，对于严厉的批评都很难接受，更不用说罚款了。面对这种局面，很多人表示反对：“这样做是行不通的。如果处理不好，人就走光了。”我说：“干得成就干，干不成就散，反正这样勉强干下去也是难受。”

罚款制度实行后，很多人表示不满，有些人直接离开了，有些人在去留的问题上徘徊，但也有一部分人表示认可，愿意留下来接着干。他们认为，严格管理是正确的，只有这样，企业才有希望，员工才能挣到钱。尽管认可罚款制度的这部分人是极少数的，但有了他们的支持，就坚定了我从严管理、做好产品的信心和决心。我坚信：星星之火，可以燎原。

05

邪不压正　从严管理

时隔 20 多年，回忆起第一次罚款的事件，我依然历历在目。那时，电视机都配有影碟机、功放机等，为了方便走线接电，电视柜的后背板上都要打上走线孔。这本来是一件很简单的事，当电视柜组装完成后，用手电钻打个孔就可以了，大家却总是忘记，并且屡犯不止。很多时候，电视柜都送到客户家里了，工人才发现没有打孔，只能回来拿上手电钻，再去客户家里现场打孔，弄得地上全是粉尘，令客户很不满意。我在会上对这种问题提出批评，大家都能接受，做错了事也能主动认错，但类似的错误总是没完没了地发生。我考虑再三，开会宣布："从今往后，若有员工再在这种简单的事情上犯错，一次罚款 100 元（那时的 100 元相当于现在的 1000 多元）。"

只要在会上宣布了，就成了板上钉钉的事，我也做了最坏的打算。没过多久，又有人犯了类似的错误。因为有了心理准备，我在开会时理直气壮地说："只要是定好的事，就要坚决执行。这次的当事人罚款 100 元，今后对类似的事情都要罚款，重复犯错还要重罚。认可这个管理办法的就干下去，不认可的就辞职走人，就这么简单。"事后，我发现结果并没有想象得那么严重，被罚款的员工心服口服，大家也都默不作声。从此，忘记给电视柜打孔的事再也没有发生过——出现问题就要罚款，大家都在慢慢地适应这一制度。

那个年代，会手艺的木工师傅很受人尊重，他们无论去谁家干活，都是干一会就停下来休息一下，主人也会上前沏茶敬烟，这样的环境让他们养成了吸烟的坏习惯。建厂后，招聘来的木工师傅大部分都吸烟。当时，厂里的家具还是纯手工制作，车间也不大，刨花、锯末遍地都是，制作沙发座垫用的海绵、布料等也都是易燃物。在这样的环境下，吸烟是非常危险的，有些厂家因为员工吸烟而引发了火灾，导致多年的积累化为乌有。所以，安全问题不容忽视，我要求大家不准吸烟，并在厂区多处张贴了禁烟标识，也制定了相关的罚款制度。但是，由于罚款的额度太小，吸烟的问题很长时间都没有彻底解决，很多人会躲进厕所或在隐蔽的角落偷偷地吸。只要吸烟就带有火种，就存在安全隐患，所以，吸烟的问题必须彻底解决。我不再犹豫，下定了决心，并重新制定了罚款制度——第一次重罚，第二次直接开除。刚开始，很多人适应不了，也有人暗地里发牢骚，但这件事进行起来却非常顺利。因为我不再有之前的诸多顾虑，而是坚持“不管是谁，只要违反了制度，该罚款的罚款，该开除的开除”。对懂事明理的人，自然无需多讲；对不懂事明理的人，说再多也没有用，晚走不如早走，正所谓“道不同，不相为谋”。

在严格的罚款制度面前，大家都慢慢地适应了，因为禁烟而不干了的人还真没有。这件事让我认识到“邪不压正”，只要是正确的事就要坚持做下去。到 1999 年年底，我们在厂区内彻底实现了全面禁烟。

06

本事是逼出来的 毛病是惯出来的

罚款制度实行一段时间后，新的问题又出现了。由于很多情况下难以界定罚款的金额，出现质量问题后，大家不是总结反思自己的错误、想办法解决问题、保证产品质量，而是斤斤计较，看谁罚得多了、谁罚得少了，大部分员工只顾眼前利益，没有大局意识。最初，我都会征求大家的意见，尽量把问题处理得公平合理，可实际情况却不尽如人意。结果证明，想把事情处理得让大家都满意，是根本不可能的。

经过长时间的考虑，我做出一个决定，开会宣布："从现在开始，制定一项新制度，只要出现质量问题就要罚款处理，若重复犯错则会重罚。今后，我们开会只批评、不表扬，干好工作是应该的，干不好就要罚款，就这么简单。"年底的职工大会上，我对大家说："今年，我们的管理是严格了一些，有些人确实干得很难。从明年开始，认可我们管理制度的人就接着干，不认可的也别犯难，明年就别来了！"

春节过后，新的一年开始了，大部分的员工还是回来上班了——因为我们不只有"严管理"，还有"高工资"。在开工大会上，我对大家说："去年干得很难的那些人，今年大部分都回来了。回来上班是你们自己的选择，从今以后，如果再用以前的态度做事，可别怪我不客气。"

经过一段时间的观察，大家的工作态度确实有了明显好转，这也使我明白了一个道理：在员工队伍不稳定的情况下，要先让大家赚到钱、看到希望，才能保证队伍的稳定，才能从严管理，让企业有更好的发展。经过严格的管理，很多人的技术有了明显的提高，仅一年的时间就涌现出一大批技术骨干。我也悟出了一个道理：本事是逼出来的，毛病是惯出来的。从此，公司形成了只批评、不表扬的“批评文化”。

随着人员的增多，我意识到管理的重要性，想到之前的家具制作技术都是从书本上学来的，那是不是也可以从书本上学一些管理方面的知识？于是，我就忙里偷闲阅读了很多书，先后学习了海尔集团创始人张瑞敏的“斜坡球体论”、中国“经营之神”王永庆的“追根究底文化”、李嘉诚的“经商之道”等，重点学习了美国通用电气掌门人杰克·韦尔奇先生的管理理念，书上的内容使我深受启发。

杰克·韦尔奇先生在45岁时，担任了美国通用电气的董事长。他上任时，企业已面临倒闭，他分析并总结出公司所存在的“大企业病”，认为公司机构臃肿，应裁减冗员。上任后，他首先开展了一场“精兵简政管理革命”，将350个经营单位裁减、合并成13个，40万名员工削减至29万，管理人员裁减了2/3，并实行“末位淘汰制”，即每年淘汰排名后10%的员工。20年间，他将一个弥漫着官僚主义气息的公司，打造成一个充满朝气、富有生机的企业巨头。他的很多管理理念值得我们学习和借鉴。其中，主要有以下几点：

1. 做数一数二的公司，只把眼光盯住龙头老大。

2. 竭力尊重有能力的人，让没有能力的人离开。

3. 将最大的支持和资源给予最优秀的人才。

4. 不要花太多的精力去改变不符合公司文化和要求的人，

直接解雇他们，然后重新寻找。

5. 对员工惩罚一到两次后如果无效，就应将其解雇。

6. 每年淘汰排名后 10%的员工。

7. 管理简单化，组织扁平化。

8. 将自己的文化包括自信，灌输给公司里的每一位员工。

9. 要让那些做得越好的人，得到的越多。

经过深入的学习和思考，我发现我们的做法在很多地方都与杰克·韦尔奇先生的管理理念有惊人的一致，这使我更加有底气。从那以后，我就会有计划地组织技术人员对员工进行技能培训，并经常召开全体职工大会，让员工深刻地认识到：我们现在的管理理念是很先进的、很科学的。渐渐地，大家的思想发生了转变，开始认可我们的管理办法，员工的整体素质也得到了很大的提升。

艰难的历程

07

当「教练」当「裁判」

2000年，公司的员工达50多人，仍由我一人管理。为了公司日后的发展，我准备选拔一批技术能力强、有管理才能的员工担任车间主任，让他们负责人员管理、组织生产、技术改进等工作，我负责总体把关、监督考核。这项工作前后用了半年多的时间，才逐步得以落实。在召开车间主任会议时，我对大家说："为了公司的发展，我们要组建一支优秀的管理团队。大家都是从基层选拔出来的，如果能够胜任这个岗位，公司就将一步步地发展壮大，否则只能是小作坊。我以这些年的切身体会要求你们，作为管理人员，必须既要当好'教练'，又要当好'裁判'。"

什么是"教练"？教练不仅自己能把活干好，还能教别人干好。那怎样才能当好教练？首先，自己要专业技术过硬，要对各道工序的流程标准全面掌握，是车间里面干得最好的，只有这样才能更好地去教其他人，才能带领员工把活干好。如果专业不精通，不能全面掌握业务及核心技术，就会受人糊弄，会很被动，这些都是我亲身经历过的。建厂初期，厂里只有5名员工的时候，大家都认为我管理得过于严格，其中3个人联合起来逼我让步，另外2个人在看笑话。但我坚决不妥协，因为我坚信，离开谁我都照样干。实践证明，管理人员如果不从基层做起，掌握不了核心技术，就会受人制约，遇事就容易妥协让步，这也是有些企业干不好的原因之一。

什么是"裁判"？裁判就是负责监督检查、考核处罚的人。不会当裁判的教练是不称职的，而大部分人能当教练，却不能当裁判。很多人当教练，只是简单地说一下这个活应该怎么干，至于干得怎么样就不管了。没有裁判，没有处罚，教练也就失去了意义。裁判的工作是检查活干好了没有，干到了什么程度。如果活干不好就要分析原因，是不会干，还是会干却没干好？——若是不会干，就要继续学习；若是没用心干，就是态度问题了，这种情况非常严重，肯定要重罚。同时，也要让员工明白：以后不能再犯类似的错误，在非常简单的事情上经常犯错是不可原谅的，公司不需要这样的人。

作为裁判，要做到“一碗水端平”，无论是谁犯了错，都不能姑息迁就；出现质量问题，必须按照制度处罚，做到公平公正公开，让犯错受罚的人心服口服。管理无小事，在我们这里没有“无所谓”这3个字，公司的所有员工都不能用这个词，只有“行”或者“不行”，“是”或者“不是”，不存在模棱两可的回答。

员工之间发生口角或矛盾，在其他单位里，领导通常会“各打五十大板”，而我从不这样处理。我会把他们的对话逐一理顺，仔细地进行分析，找出产生纠纷的根源。如果“各打五十大板”，草率了事，类似的事情就会没完没了。不管大小事情，都要分清是非曲直，只有这样才能彻底解决问题。

虽然会议上多次强调应该如何做好管理工作，但是这些车间主任都是刚从业务一线走上管理岗位的，大部分人不够称职，我只能根据每个人的情况分别给他们做思想工作，告诉他们要有大局意识，要敢于承担责任，不要怕得罪人。尽管这样，他们中仍有很多人不能胜任管理工作：有的任人唯亲，只用自己的家人或亲戚；有的存有私心，做事不光明正大、不公平公正；还有的不具备管理才能……本来让大家参与管理是一件好事，没想到越管越乱，各道工序之间相互推诿、扯皮的现象频频发生，我还是要亲自处理纠纷，制定相关的制度标准，理顺各道工序之间的关系。一天开五六次会是常事，有时白天没空，就晚上找人做思想工作。过了一段时间，仍有一些人不能胜任管理工作，我只能重新选人、调整，有些岗位的管理人员换了好几次，经过几年时间的磨合才逐渐稳定下来。

08

板式家具流水线生产

2001 年，公司开始生产板式家具。经过研究论证，我们决定采用流水线生产模式。很多外地人听说后便来联系我们，表示想要承包，但经过慎重考虑，我拒绝了。从长远打算，我们还是选择雇用本地人，力争实现人才本地化。只有保证人员稳定，才有利于生产和管理。

以流水线的方式生产板式家具有很大的优势，它不像之前生产木制家具那样，木材买回来后还要进行烘干处理，不仅生产周期长，而且成本高。就板式家具的生产而言，只用一种规格的密度板（2.44 m × 1.22 m）就能制成各种家具。选好供货厂家后，当天付款，第二天就能到货，接着就能使用。裁料、打孔、组装等生产环节都可以细化分工至个人，每人只负责一道工序，专人专干，又快又好。如果批量生产，则优势更大、效率更高。

看似简单的事情，做起来却有很大的难度，当流水线生产模式真正实行起来后，我们遇到了很多问题。首先，管理人员出现了失误：在前期计算、设计构图、下发料单时，数据出现了偏差；抽屉轨道、螺钉、合页等零部件不是从同一个厂家定制的，因而规格尺寸有误差，且预留的门缝尺寸也不标准；裁板、打孔等环节做得都不到位……这些问题最终导致产品难以组装起来。其次，这些板式家具的零部件制作完成后，就直接打包入库了，即便有问题也难以及时被发现。每次都是等家具送到客户家组装时，工人才看出来，但那时为时已晚，只能给客户换货。追查责任人时，却发现有的员工已经离职，无法追究责任了。

因此，我总结后发现，实行流水线生产必须做到以下两点：

1.管理人员要全面掌握生产情况,制定科学合理的管理制度。对家具的构造、制图、零部件等都要了如指掌，确保每道工序都有严格、精准的工作流程及标准。一旦发现产品质量不合格，马上就能知道是哪道工序出了问题，不但要追究当事人的责任，还要对后面工序中监督不到位的员工进行罚款。从那时起，我们就制定并实施了上下工序互检制度。

2.拥有稳定的员工队伍。只有人员稳定，才能保证从割板、打孔、喷漆到包装等所有工序都严格按照标准执行。如果产品出现问题，也能追责到人。

通过经验总结和生产实践，我们在管理制度、流程标准、质量监管、员工队伍上下功夫，逐渐形成了一套成熟的流水线生产管理办法。

这几年的板式家具流水线生产实践也使我认识到，企业要想实现长远发展，必须做好两件事：一是要选用高素质的人，这些人能够识大体、明大理，有正义感；二是要以高工资待遇来保证人员的稳定。从那以后，我们的选人用人制度越来越完善，生产管理也越来越严格，产品质量也更加有保障。

09

打造中国红木家具第一品牌

2003年，我们开始生产实木家具，同样采用流水线生产模式，管理越来越顺畅，产品口碑越来越好。

2006年，红木家具逐渐进入人们的视野，随着市场需求不断扩大，我们也去南方采购了红木家具来销售。但没过多久，这些红木家具就出现了很多质量问题，后来，我们又找厂家单独定做，结果还是一样。我多次外出考察红木家具市场，发现很多红木家具在售出前就已经出现严重的质量问题，比如，桌面的榫卯接合处高低不平，茶几的面板裂缝、透光，柜门因翘曲变形而关不上……我越看越感觉不对劲，心想怎么就找不到几件能看上眼的？于是，我又去生产厂家进行实地考察，发现制作红木家具的厂家大部分是小作坊，他们在生产设备、人员管理等方面非常落后，管理不规范、工艺不讲究——这也算找到了市面上的红木家具多是粗制滥造的根源。看来，购销红木家具的路子是走不通的。

后来，我去原木市场进行了考察，当看到交趾黄檀拆房老料时，我对红木的认知彻底改变了。那些“立柱”的下端埋在地下已有上百年，挖出来后却一点也没有腐烂，这让我开始深入研究。原来，这种木料的油性大、密度高，能够千年不腐，甚至时间越久，其木性越稳定……这使我想起爷爷传下来的那个洋槐木凳子，虽然它的材质一般，已过百年，但仍然完好无损，如果不被风吹日晒，再用一百年也不会有问题。我仔细观察后发现，洋槐木凳子耐用的原因无非是榫卯工艺做得好。所以，如果用我们传统的榫卯工艺把这些红木材料制作成家具，至少可以使用几百年，甚至上千年。想到这里，我的内心十分激动：市场上那些粗制滥造的家具简直是暴殄天物，每年不知道有多少珍贵的红木资源，就这样被浪费掉！印度的小叶紫檀，几近匮乏；老挝的大红酸枝，其存量也急剧减少，被列为“濒危树种”，进出口严重受限——我们绝不能再用这种粗暴的方式对待这些珍贵的资源了。作为一个从事家具行业几十年的老木匠，我对木头有着一种难以言喻的情怀，我认为自己有责任把这些珍贵的木材做成传世精品，实现它们应有的价值。于是，我下定决心：让公司转型生产红木家具。

接下来，我又做了大量的考察工作，想找一家像样的厂家去学习一下。跑了很多地方后，好不容易在南方找到一家相对较好的厂家，家具做得还算可以。我在交流过程中得知，这个厂家的老板40多岁，自称生在“红木世家”。他自豪地说：“我爷爷的爷爷就是一位很了不起的木匠，在四邻八乡很有名，到我爷爷这一代时开始制作红木家具，延续到我这里已经是第三代了。现在，我的孙子还没有出生，但我已经在黄金地段给他购置了两套房产……”这位老板边说边洋溢着幸福的笑容，随行参观的人都很羡慕。像他这样的木匠在行业内已经算干得很不错了，能守住家业干这么多年，很了不起，但这种小富即安、自我满足的心态并不是我想要的，如果大家都停留在这种小作坊式的生产规模上，就不会对行业的发展起到多大的推动作用。

考察回来后，我召集大家开会，在会上表明了自己的想法：公司要转型生产红木家具，并且要“打造中国红木家具第一品牌”。

对于转型生产红木家具，大家是认可的，但是对“打造中国红木家具第一品牌”，则都表示质疑，认为目标定得太高、不切实际，甚至有人私下议论：“老板这是怎么了？是不是在哪里受了刺激？……”

后来，我向大家讲了一下当前的市场现状。“红木家具行业刚刚起步，生产模式非常落后，大部分是小作坊式，以我们现在的实力，想做成全国第一品牌是很有把握的。”大家听后仍是半信半疑。

仅靠开会很难说服大家，于是，我就带着这帮老木匠外出进行实地考察。当看到市场上的家具后，大家心里有了底气，不再认为我之前的决定是一时头脑发热。我们生产实木家具多年，已经有了成熟的流水线生产模式、丰富的管理经验及优秀的管理团队，这些都将成为我们强大的力量支撑。现在实施企业转型，无非就是改变了生产材质，而企业发展的核心在于人、在于管理。

2007年，公司正式转型生产红木家具，注册了商标“巧夺天工”。由此，“打造中国红木家具第一品牌”被确立为公司的长远发展战略目标。

老厂区照片

10 困难重重

2007年，红木家具市场非常火爆，价格一路上涨，致使很多其他行业的人也开始投资生产红木家具，他们既不懂木工技术，也不了解生产过程，只是购进原材料再对外承包。其中，也不乏一些经营了多年的红木家具企业，它们都是沿袭以前的小作坊式生产模式，不能集中管理，也无法统一标准，各道工序得不到有效监管，具体怎么干都由工人说了算。这些企业大部分被员工所“绑架”，产品质量无法保证。我们要想“打造中国红木家具第一品牌”，就必须采取流水线生产的模式，进行统一管理。

转型初期，很多外地人听说我们在做红木家具，就想来承包其中的某些工序，而听到我们说“不用外地工人，我们是流水线生产”时，都感到十分惊讶，说：“生产红木家具却不用外地工人，真是开玩笑。还流水线生产？更是国际玩笑！”一时间，质疑、嘲讽的声音不绝于耳。

进入筹备阶段后，经过反复的研究和论证，我们发现以流水线生产模式来制作红木家具，其难度相当大，在资金、技术、生产人员的招聘和管理等方面都存在很大问题，而且这些问题一时难以解决。

流水线生产模式的最大优点是可以实现批量生产，但是它需要大量的资金来周转，红木又是非常昂贵的木材，光靠我们的那点家底简直是杯水车薪。红木家具的流水线生产过程与板式、实木家具的生产过程，有着天壤之别。生产板式家具时，板材是由厂家直接供应的，当天联系他们付款，第二天就能送货上门，10天就能做出成品；若是单独定制的橱柜等家具，用免漆材料仅2～3天就能制作完成，生产周期短，资金流动快。而红木家具的生产过程相当复杂，仅从国外进口木材就需要至少两三个月的时间，从裁料到干燥又需要4个多月，后续的榫卯、雕刻、组装、二次干燥、刮磨、打蜡等工序还需要4～5个月，整个工期算下来，至少需要一年的时间。由于生产周期长，原材料、半成品等大量积压，再加上流水线上必须批量生产，致使资金严重短缺，原材料供应不足也成为一大难题。

在制作流程上，红木家具的生产工序繁多，且环环相扣，一个环节安排不好就容易出现“卡脖子”的情况——上一道工序忙不开，下一道工序没活干，部门协调、统筹安排的工作难度很大。同时，分工也要更加细化，对技术的要求更高，每道工序都必须做到标准化，一个地方出现纰漏就可能导致“满盘皆输”。此外，器型设计、木料搭配、雕刻工艺等都是之前没接触过的，所有新工艺、新技术都要边学习边摸索。之前生产实木家具时，规模小、员工少，而现在生产红木家具，手工劳作成分占比大，用人多，现有员工远远满足不了生产需求，因此，在技术工人的招聘、培训、管理等方面也都困难重重。

面对管理难度大、技术要求高、生产周期长、资金短缺等突出问题，我们通过开会研究，决定分两步走：将流水线生产的方案暂时搁置，先招部分外地工人，把家具做出来；等掌握了技术、资金相对充足后，再逐步实施流水线生产。

艰难的历程

11 红木家具流水线生产

“两步走”方案确定以后，我们招了部分外地工人，他们或两人一组或三人一组，组员几乎都是自己的家人亲戚。他们之前虽然做过红木家具，但都是依靠原始工具进行制作，没有用过先进的机械设备，而且对产品的质量要求比较低，制作的家具部件很难组装起来。后来，我们又换了好几批外地工人，但他们都是这种做法。实践再次证明，制作红木家具没有捷径可以走，还得靠我们自己干。但同时，生产过程中的各种问题也接踵而来。

资金不足虽然可以向银行申请贷款，但是贷款的额度比较低，我们的资金缺口依然很大，只能慢慢解决。此外，红木家具制作工艺的标准之高，更是出乎我们的预料。以榫卯工艺为例，以前做实木家具时，由于实木的木质相对松软，即使榫头做得稍大一点，直接用锤子敲进去就行了，有点歪斜也没太大影响，都能组装起来；而红木的木质坚硬，榫头稍大就会把卯眼撑裂，稍小则组装不严密，质量就没法保证，而且不是仅把榫卯做好就行了，前期的任何一道工序稍有偏差，就会造成翘曲、窜角或者尺寸大小不一，这些问题都将导致家具没办法组装起来。可见，用以前的标准来制作红木家具根本不行。

有些老员工接受不了更高标准的要求，纷纷辞职走人——我们又遇到了刚建厂时的困难。那时招的员工虽然都不会“干活”，但好在工序简单，招人培训比较容易，他们对于一些技术要领，能在很短的时间内掌握，这和现在生产红木家具的招人培训过程相比，简直是“小巫见大巫”。

外地工人干不成，有些老员工也干不了，我们只能不断地招人。周边的木工知道我们给的工资高，于是成群结队来应聘，有时候一天能来好几拨，但他们看完之后都感觉我们的要求太高、难度太大，便又都摇头走人了，这种局面完全超出我们的预料。开会研究时，很多人已经失去了信心，他们说："以流水线生产模式来做红木家具，是根本不可能的。"我对大家说："有困难是正常的，没有困难才不正常，我们这些年一路走来，遇到的困难还少吗？每次都感觉难以逾越，但不是都过来了吗？困难再大，我们也要想办法克服，'打造中国红木家具第一品牌'的牌子已经挂出去了，我们的目标不能变，信念也决不能动摇！不但要干，还要干好，要做传世精品。如果不采用流水线生产模式，我们做出来的产品就会和市场上的其他产品一样，就配不上'巧夺天工'这个称号，'打造中国红木家具第一品牌'的牌匾也要被摘掉，那么大家这些年的努力也将付诸东流，这是绝对不行的。生产上不管遇到多大的困难，我们也要想办法克服，一定要把流水线生产坚持下去。"

接下来，我们加大了对员工招聘和培训的力度，先对老员工进行培训，逐渐改变他们的想法，让大家放平心态，一切从零开始；面对新员工的招聘问题，则选择静下心、沉住气，不急于求成，同时转变思路，改变之前包工计件的做法，那样虽然有补贴，但时间短、力度小。新员工只要肯学，公司就愿意付出高额的成本去培养他们，让他们在学习、培训期间挣的钱与其他厂家有技术的大师傅挣的差不多。

就这样，经过 3 年的时间，我们边学习边实践，克服了诸多困难。最终，红木家具流水线生产模式得以成功运行。

12

一个成功的企业首先是一所人才培训学校

2007年，公司转型生产红木家具，生产车间每年都会招聘很多员工。新员工在学习、培训期间，工资高且不用承担责任和风险，大家对此都很满意。但真正独立工作后就不一样了，有些人达不到公司要求，还有些人自以为学到了本事，心想去其他地方也能挣到钱，稍有不顺心就辞职走人。面对人员的不稳定，怎么办？没有其他的办法，绝对不能降低要求，只能继续招人进行培训。

开会时，有的车间主任含着泪说："公司付出了这么大的代价、花费了这么多的精力来培养新员工，他们刚来时都是一张白纸，我们从零开始手把手地教，就是对自己的孩子也没付出过这么多！有些人确实达不到公司要求，但还有些人认为我们的付出是理所当然的。他们技术学成后，面对严格的管理，稍有不满意就拍屁股走人，我们简直是在为同行培养人才。想到这些，真让人难过、寒心。"我说："这都是正常的。一个成功的企业，首先是一所人才培训学校，不仅要为自己培养人，还要为行业培养人。这也是我们对社会做出的一份贡献，很多行业都是这样。"

生产人员的招聘培训工作非常艰难，销售人员的也一样。刚开始，公司位于偏僻的乡镇，来应聘的销售人员很少，学历也不高，我们几年也没招到一个高中生，于是只能降低标准，以初中生为主，招聘了一些相对有销售经验的人。但没想到，这些人在外面养成的一些工作习惯，与我们的要求差距很大，回答客户问题时不能实事求是，做不到的事情也会向客户承诺能做到，而且动手能力差，给客户量房、定做家具时，更是错误频出，客户很不满意。最后，我们只能重新招人进行培训。

从1995年到2013年，虽然招聘的销售人员达上百人，但最后留下的不足10人，每当提起这件事，我都感到非常无奈。

2014年，公司从黄庄镇搬迁到钢城开发区工业园，我本以为招聘难的状况会有所好转，但实际情况并不乐观。那些高学历的人仍然不来应聘，即使工资待遇很高也招不来，他们更倾向于找一份"铁饭碗"或是进入科技领域。因此，来应聘的人以高中生、大专生居多，本科生很少见。

新员工开始上班后，他们中的有些人连流利的自我介绍都做不到，我只能让他们提前写好，开晨会时念出来。面对这个局面，我们没有任何办法，开经理会议时，我对大家说："我们只能面对现实，虽然招来的新员工以专科生为主，但比起在黄庄镇时，来应聘的人还是多了一些，这样就有很大的好处。公司发展到今天，生产、管理人员包括我在内不都是初中生吗？近20年来，能干下来的销售经理们不也都是初中生吗？现在来应聘的人都是高中及以上学历，比我们这些人强多了，只要他们认可我们的企业文化，踏实肯干，我们就加大培训力度，反正培养人才早就成了我们的'专业'。"

转型生产红木家具以来，我们的员工留用率一直很低，生产人员每年入职好几百人，最后只剩下几十人，销售人员能留下来的就更少了。这些话说出去，不了解情况的人是不会相信的，但事实的确如此，这些年我们一直都是这样过来的。现在公司有员工1000余人，这些人到底是从多少人中选出来的，已算不清了。

艰难的历程

13

「慈不带兵」

企业管理犹如带兵打仗，如果员工犯了错，管理人员心慈手软、姑息迁就，就会导致员工一再犯错。尤其对于制造业而言，长期这样下去将很难保证产品的质量，是非常危险的，会让企业存在倒闭的风险。

2007 年，公司转型生产红木家具，确立了“打造中国红木家具第一品牌”的长远战略目标，对员工提出了更高的要求。有一个家在附近的木工师傅，生活很拮据，他听说我们这里的工资高便前来应聘，但工作一段时间后，又提出了辞职。他说：“虽然这里的工资比之前的高一倍，但压力太大了，只要犯点小错误就会挨批评，太没面子了，出现质量问题还要赔偿损失。你们为什么非要把标准定得这么高？差不多不就行吗？和我一起来的那些人，大部分都走了。你们为什么招人难？如果能稍微让让步，大家走的时候挽留一下，给点情面，也不至于像现在这样。真是没事找事，自讨苦吃。”尽管我们再三做工作，他还是辞职了。

面对这种局面，尽管刚转型生产红木家具，技术人员十分紧缺，但为了实现“打造中国红木家具第一品牌”的目标，我们决不会让步，决不会降低标准。

俗话说“重赏之下，必有勇夫”，但在“巧夺天工”，没有“重赏”只有“重罚”——只要生产上出现质量事故，员工就要按照比例赔偿损失。比如，下料车间的工人下错料，要照价赔偿。以前生产板式家具时，若浪费一张板材，损失大约几十元最多上百元，员工是可以承担的，可现在生产红木家具，浪费一块木板要赔付上万元甚至几万元，这个数额就相当大了。刚开始有些人接受不了，辞职离开了，但我们仍一直坚持这样的做法。

人都有惰性，很多问题靠自觉、靠教育是解决不了的。只有在严格的管理下，大家才能尽快地改正错误，增强责任意识，养成严谨仔细的好习惯。在“批评文化”的氛围影响下，在较为完善的管理制度的约束下，员工的整体素质逐步提高。无数次的实践证明，“罚款”不是目的，但确实是一种行之有效的管理办法，是我们提升产品质量、提高服务水平的制胜法宝。

14 人人都是质检员

说起“巧夺天工”没有质检员，大家可能都不相信，怎么会没有质检员呢？这是在哪里都没听说过的。在很多单位，没有质检员是不行的，而在“巧夺天工”却可以。我们有的车间有 200 多名员工，只有一个车间主任，没有专门的质检员，质检工作由主任兼职负责。一个人不仅要管理这么多员工，还要安排生产、改进工艺，再加上检查产品质量，忙得过来吗？答案是：不但不忙，反而很清闲。

“巧夺天工”制作红木家具，实行的是流水线生产模式，对分工进行了细化。因为一件家具要经过十几道工序才能制作完成，所以在产品的质量监管方面存在很大的难度，只有采取切实可行的管理办法，理顺各道工序之间的关系，流水线生产才能顺利实施并高效运转起来。我们结合多年的流水线生产管理经验，通过不断实践，摸索出一套行之有效的管理办法——“上下工序互检，人人都是质检员”。

这种管理办法，即上道工序对下道工序负责，下道工序对上道工序监督，不管哪道工序出现了问题，都能实现可追溯、可追责，使生产环节之间相互制约。产品进入下道工序后，工人在加工之前首先要检查上道工序是否按照标准进行制作。若发现问题，就要及时向部门负责人汇报，公司会对违规操作人员进行追责。这就要求上道工序的操作人员，要接受下道工序操作人员的监督和质量反馈，以达到“共同把好质量关”的目的。换句话说，“上下工序互检”采取的是“一对一”的监管模式，比如，上道工序是我干的，下道工序由你负责，如果我干得不好，不仅需要赔偿公司的损失，还会因为影响你的工作进度而赔偿你的损失，毕竟谁也不想为别人的错误买单。道理就是这么简单，因为牵扯到自己的切身利益，大家在工作时绝对会认真负责，严格按照标准去做。如果产品出现质量问题，因下道工序的操作人员未检查出来或未进行汇报，而使问题进入第三道工序后才被发现，那么，前两道工序的操作人员都要承担责任，无薪返工。

工序交接

要保证产品的质量，把“上下工序互检”制度真正落到实处，必须做到两点：一是必须有科学、严格的管理制度。二是需要有高素质的队伍，员工有长远打算，非常珍惜这份工作，想长期在这里干下去。只有这样，员工才不会投机取巧，而是实实在在地按照标准干好自己的工作。

此外，还有两种针对生产过程中出现质量问题的处理办法。

1. 下道工序若没有检查出上道工序中出现的质量问题，这属于失职，必须追究责任。

2. 若下道工序检查出上道工序中存在质量问题，却没有进行汇报，而是和上道工序的人员私自解决——这种情况的性质非常恶劣——第一次发生，在返工的同时降一级工资；第二次发生，就直接辞退。

总之，产品质量这根红线，任何人都触碰不得，除非不想在这里干了。我们就做了这些，非常简单。

“上下工序互检，人人都是质检员”的管理办法，让所有员工都具备了很强的质量意识，并养成了从全局考虑问题的习惯。他们无论私交多好，遇到质量问题时都不会让步。这种“没有专职质检员，实则人人都是质检员”的质量监管模式，能切实监督到生产过程中的每个环节，确保做出的每件家具都是精品。

15

「明码实价」的由来

2007 年，公司开始生产红木家具，转型初期困难重重，资金、人才严重短缺，且红木家具的制作工艺相当复杂，再加上接待客户又占用了我大量的时间，令我焦头烂额。现在回想起来，从 2007 年到 2010 年，那 4 年是我建厂以来最繁忙、最劳累的 4 年……

精疲力竭

买红木家具的客户大多是有涵养、有素质的人，但也有一些人会趾高气扬。他们来到店里后，对一般销售人员的接待不屑一顾，要求老板亲自接待，不然就要扭头走人。由于刚开始生产红木家具，为了拓展市场，我只能亲自出马，笑脸相迎。客户看到是老板陪同，感觉很受重视、很有面子，价格也能谈到最低，因此多数时候能够成交。然而过了一段时间，顾客越来越多，这让我有些应接不暇，弊端也逐渐显现。

我自从接待客户后，每天电话接连不断，根本无暇顾及车间生产。只要第一次进店是我接待的客户，后期无论有什么问题都会直接打电话找我。

买红木家具并不像买青菜那么简单，客户需要多次考察。因此，接待一位客户往往要花费大量的时间和精力，进店 3 次能定货的客户算是比较痛快的，有些客户好不容易定准了，回家后考虑再三，感觉某件产品不合适，想要调换，又给我打电话。只要电话打过来，我就不得不接，接完电话后，还需要重新约定选货的时间。

很多时候，客户把产品定准了，但在付款问题上又与我们发生了争议。按照规定，选现货需要先支付60%的预付款，但有的客户会要求少付一点，声称“在别处定货只是象征性地先付一点，送货前结清就行了”。遇到这样的情况，我们只能妥协。但到了送货的时候，客户又反悔了，不仅不按之前的约定行事，还要求我们把货先给送到。“我有一笔资金拿去理财了，现在钱不凑手，剩下的后期再转过来，你们先把货给送了。我都付了大部分的款了，还有啥不放心的？你看××是和我一块来的，这些人都可以作证……”这一番话下来，让人左右为难：如果答应了，后期余款将很难收回；如果不答应，对方又不满意，连他带来的朋友也会感觉我们不给面子。从选货、定货到送货，任何事情都需要我亲自解释、联系落实，没完没了。

还有部分客户，在我们送货后，又选购了部分小件产品。事情本来很简单，即按照之前的折扣计算就可以了，但他会说：“我现在又添了这么多货，应该给我更多的优惠，折扣还可以再降。”于是，这部分客户拿到了8折还想要7折，甚至咄咄逼人：“以前定了那么多货，你们也没少挣钱，这次不挣钱又怎么样……”更有甚者，第一次进店的时候带着自己的朋友来砍价，几天后，又带职位更高的朋友来继续砍价——三番五次，找了很多人，托了好几层关系，来了很多次，浪费了大家大量的时间和精力，最终结果让所有人都不满意。

时间久了，客户越来越多，很多时候是顾得上这头、顾不上那头，这家客户前脚刚走，另一家又接踵而至，有时候一连来了好几家，中午就餐也成了问题。久而久之，令人精疲力竭。

自我反思

我静下心来想了想，觉得这样下去终究不是办法。可是同行们都是这样做的，他们怎么能有这么多时间，我怎么应付不了？经过考察，我有了答案。

那些天天亲自接待客户的老板、经理，大多数是经销商，他们的主要工作就是接待客户。有一些生产厂家“挂羊头卖狗肉”，自己根本不生产，只是找几个人、摆上几台设备做样子，然后从外地进货来卖。他们把时间和精力主要用在接待客户上，通过套近乎、戴高帽，拉近与客户之间的距离，靠打折让利促成交易。

经过分析，我发现自己与他们的根本不同在于：我的主要任务是考察国内外家具、木材市场，研发新产品，管理车间生产以及筹备资金等。仅这些工作就已让我忙得不可开交了，确实没有精力再去接待客户，我也不希望我们的销售人员同样陷入这种无休止的“应付”中，所以，我打算“明码实价”售卖红木家具，以尽快结束这种局面。

下定决心

我说出这个想法后，几乎没有一个人同意。曾有一位同行知己推心置腹地对我说："最好不要这样，除非你不想干了。客户用不上精品，和我们没有多大关系，而且粗制滥造的产品横行市场也不是一天两天了，讨价还价之风也已经盛行了几千年，这不是我们能左右的，我们要做的就是'忍气吞声'，干上几年挣点钱就行了，何必出风头，自找苦吃？"

听到这些话，我也是顾虑重重，但想想这些年一路走来，确实不容易，克服了很多困难，又组建了一支优秀的团队，应该放开手脚大干一场。如果真的行不通，就说明天意如此，不能继续干下去了，我也就彻底解脱了——我努力过、奋斗过，我无怨无悔。但如果"明码实价"的办法行得通，我就可以从繁杂的事务中解脱出来，去做更重要的事。

最终，我下定决心，于 2011 年实行"明码实价"，不再接待任何客户，谢绝任何形式的讨价还价。

艰难的历程

16

精品的代价

一件精品的诞生，其背后一定有鲜为人知的代价，而精品红木家具的制作和呈现更是如此，必须“材艺型韵”四者俱佳，其中材质是基础。

“巧夺天工”自2007年起转型生产红木家具，因为定位是“制作精品红木家具”，所以遇到的第一个难题就是白皮的取舍问题。

白皮，又叫“边材”，是树木生长过程中负责输送养分的组织，含有大量的糖分和活性细胞，易生虫腐烂。但是白皮也是按吨计量、与心材同等价位买回来的，去掉白皮等于扔钱。按照国家标准，产品非正视面的白皮使用量应不超过10%，但是这个“使用量”很难界定，这就导致市场上的一些厂家会滥用白皮。针对这一问题，我们怎么办？如果用了白皮，成本是降低了，但是产品的质量得不到保障，更别提传承百年了，这与我们做传世精品、“打造中国红木家具第一品牌”的目标相违背；如果不用白皮，材料的成本势必要大幅增加。

经过深思熟虑，我下定决心，既然要做精品，就不要考虑眼前的得失，有舍才有得。于是，我开会宣布：“我们的目标始终不会变，红木家具不是普通家具，我们要做传世精品，白皮坚决不能用！”

红色框线内表示：零白皮取材使用，去掉白皮的同时，会浪费掉部分心材。

蓝色框线内表示：带白皮取材使用，出材率提高，成本降低。

零白皮取材使用

带白皮取材使用

虽然开会时已经宣布了不能使用白皮，但在实际生产过程中，用上 10% 的白皮，成本会降低 30%，如果把白皮全部用上，成本会降低更多，因而一些老员工不舍得把白皮全都去掉。为此，我们又做了大量的思想工作，连续召开了几次职工大会，让全体员工都明白我们是在做传世精品、做百年企业，并对那些不舍得把白皮全部去掉的老员工做了严厉批评。从此，大家狠下心来，严格执行“零白皮”生产标准。裁切下来的下脚料堆得像一座山，收购下脚料去做工艺品的南方客商看到后非常高兴，说："走遍全国也找不到个头这么大、数量这么多的。"

执行"零白皮"生产标准后，新的问题又来了。随着我对红木知识掌握得越来越多，我了解到制作红木家具的最高境界是"一木一器"，也就是用一棵树的材料制作一件或一套家具。这样做成的家具，其颜色和花纹协调美观，并且由于木性一致，质量更有保障。尽管现在"一木一器"很难做到，但是通过合理配料，桌面的心板、边框，沙发的搭脑、扶手等部位还是能够实现的。要做到这一点就必须选用大树主干料。

当我在会议上再次提出只选用大树主干料时，大家都表现得极不冷静，还引发了激烈的争论："仅'不用白皮'这一项就使成本高出很多，现在又只用大树主干料，总成本至少要高出一倍，消费者能接受吗？我们到底是在干什么？为什么非要钻牛角尖？"这个问题一时陷入僵局。

会上商讨不出结果，我就分别找大家做思想工作，一个个地说服："通过这些年的观察，我发现，愿意多花钱来买精品的消费者大有人在。那些表面上只看价格、不注重品质的人，并不是没有精品意识，而是他们不了解精品红木家具和一般的红木家具之间的巨大差距。我相信，通过我们的正确引导和老客户的推介，了解并认可我们的消费者会越来越多，我们的市场会越做越大。既然我们要'打造中国红木家具第一品牌'，就不要考虑眼前的得失，品牌的创立都是有代价的，当下我们可能赚得少一点，但是再过 10 年、20 年，到了我们的产品家喻户晓的时候，还愁赚不到钱吗？若干年后，当人们以拥有‘巧夺天工’精品红木家具为荣时，这对于每一个在‘巧夺天工’工作了几十年的老员工来说，都将是何等的荣耀！”最终，我们开会决定，为了保证产品品质，只选用大树主干料制作家具。

要想做精品，就必须付出代价。多年的实践证明，我们的做法是正确的，我们的产品得到了越来越多消费者的认可和赞扬。在“巧夺天工”，“零白皮”、只选大树主干料做精品家具的理念已深入人心。

艰难的历程

17

是「差不多」还是「差不少」

经常会有客户说，哪家的产品、款式和我们的差不多，生产工人也是从我们这里挖过去的，制作工艺也差不多，但是人家的价格却低很多……听到这些话，我感觉非常可笑：差不多？什么是差不多？到底是“差不多”还是“差不少”？！

红木家具的制作从解料到做出成品，中间有十几道工序，只有每道工序都做到位，才能保证做出精品。下面，以“烘干”工序为例，讲一下所谓的“差不多”到底差了多少。

红木家具的变形开裂问题是困扰整个行业的一大难题，一直难以解决，原因之一是烘干工艺做不到位。提起“烘干”，大家会普遍认为，它指的是去除木材中的水分，但这只理解对了一半。木材中含有大量的树胶、杂质、虫卵、细菌等，只有将这些物质排出，也就是对木材进行脱脂处理，才能彻底消除木材的张应力，防止家具变形开裂，使家具更加环保健康。

传统的蒸汽干燥、热风干燥、远红外干燥、微波干燥等干燥方式，都存在一定的局限性，只能简单地去除水分，难以彻底消除木材的张应力，因此无法从根本上解决家具开裂变形的问题，而且现在市场上大部分的木材烘干方式比较单一，烘干时间仅一两周，水分去除得也不彻底。

“巧夺天工”摒弃了传统的干燥方式，引进了具有国际先进水平的全自动干燥设备，并根据木材的特性及各地的气候差异，发明出一套独特的烘干工艺，可以把木材烘干得更加均匀，使木性更加稳定，这项工艺还获得了国家发明专利（专利号：ZL 2017 1 0164989.3）。

首先，把同种材质、同一厚度的木材进行烘干，去除水分，把木材的含水率控制在7% ~ 10%。同时，杀死木材中的虫卵、细菌等微生物，使木材排出树胶和杂质。薄板、厚板分别要用不同的方式进行烘干，在温度和时长方面也都有所差异。特别是很粗的沙发腿料，烘干流程就更复杂了：一次烘不彻底，还要拿出来晾一段时间再烘，经过长时间的反复、交叉烘干后，仍不能马上使用，还得“回潮养生”一个月，使之与当地气候条件下的平衡含水率相适应，从而使木性更加稳定。在半成品组装完成后，要进行为期一个月的二次烘干，要把生产过程中家具表面所吸收的水分蒸发出来，使产品质量得到双重保障。整个烘干过程有十几个步骤，至少需要三个半月。如果条件允许、原料充足，且木材不着急使用，时间还要延长——时间越长，木性就越稳定。目前，我们的大部分木材从烘干到开始使用都要历经半年的时间，虽然这在一定程度上造成了木材积压、成本大幅增加，但能保证产品的质量。

很多同行参观了我们的车间后，说：“你们车间的空间利用率太低了，放的全是木料，这么大的厂房若在我们那里，容纳3000人没有问题。”其实，公司内部也有过争议，很多人认为车间不需要太大，但这些年的经验告诉我，红木家具的制作要求非常严格，要想做出好产品，烘干环节必须做到位，不能着急。我们的木材从烘干到使用，需要半年甚至更长的时间，因此积压的木料也就相当多了。这些木料放在外面风吹日晒肯定不行，且流水线批量生产对材料的需求量大，这样一来，走进车间自然感觉到处都是木料。

红木家具的制作过程，从表面上看似乎都差不多，木材也都经过了烘干处理，但实际上，不是“差不多”，而是“差不少”，甚至可以说是差了“十万八千里”。有人说，既然生产工人是从“巧夺天工”挖去的，那这些家具在制作工艺上应该差不多，这更是荒唐的说法——产品定位、管理标准、工艺精度等都不在一个档次上，怎么能比？一般的汽车厂商从奔驰、宝马公司随便挖几个工人过去，就能造出奔驰、宝马汽车吗？这可能吗？

购买红木家具的顾客，大多是一些有阅历、有见识，且追求高品质生活的人，怎么可能轻易相信那些话？红木家具行业中粗制滥造的产品之所以这么多，一是有些厂家不遵守行业标准，二是消费者对这个行业不甚了解，或是存有捡漏、占便宜的心理，以致上当受骗。

以上是仅就“烘干”这一道工序而言的，此外，选材、配料、榫卯等工序，表面上看起来都“差不多”，实际上都“差不少”。打造精品的关键在于“分毫必争”，更何况产品之间有着如此大的差距，消费者只有多走、多看、多比较，才能避免吃亏上当。

艰难的历程

18

别人不做的事 我们做

2000 年，我们学习了杰克·韦尔奇先生的管理理念。在他的理念中，“数一数二”原则让我印象深刻，“只有领先对手才能立于不败之地”，这也证明了我以前的做法是正确的，由此让我更加坚定了信念。在生产方面，要永远把“产品质量”放在第一位；在销售方面，要从零开始，加大对销售人员的培训力度。除了专业知识、销售政策等基础培训外，我们又进行了很多其他方面的培训。

那时，我从生产车间选出来做销售的员工都只有初中毕业。他们在写订单时，大部分人书写潦草，错别字也很多，一份订单往往要写很长时间，最后还会出错。见此情形，我就要求大家好好练习写字。我练字时曾经临摹过庞中华的字帖，于是要求大家也买来练习。本以为是一件非常简单的事情，没想到做起来却很难，不仅很多人写不好字，还有人因为被要求练字而直接辞职了。我便向大家解释：“写一手好字是对客户的尊重，而且销售人员代表着企业的形象，言行举止、订单书写都要规范。

董事长张爱冬指导员工练字

我们不要着急，慢慢来，先从一笔一画练起。”

又过了一段时间，大部分人还是写不好字，感觉练字很难，还有一些人根本不想去做，认为这样没有必要：“哪有这样的，能卖家具不就行吗？”我仍然耐心地向大家解释：“我们不要怕困难，要有信心，只要用心练就会有进步。”就这样，练字这件事，尽管大家做起来很难，但还是一直坚持了下来。

除了一笔一画地练习写字，我还给大家安排了另一项任务——写工作日志。每个人晚上写好日志，第二天晨会前上交。我会逐个检查大家对工作总结得是否深入细致、解决问题的方法是否正确，同时检查字写得是否规范、语句措辞运用得是否恰当，并一一予以点评指正。日积月累，大部分人的工作能力都有了提升，也慢慢养成了严谨、仔细的工作习惯。

在接待过程中我发现，用来招待客户的苹果既不易削皮又个头较大，客户吃起来很不方便，大部分客户都只是拿起来看看又放下。于是，我要求销售人员削好苹果，切成块放在盘子里，让客户吃起来更方便。

除了练字、写日志、削苹果，我还要求大家看《井冈山》《红色摇篮》《国宝档案》等电视节目，学习历史典故、古诗词，相互分享文章，为客户沏茶、切西瓜……逐渐提高销售人员的文化素养和服务意识。有人认为，这些都是“无用功”，是微不足道的小事。但我认为，大事都是由小事组成的，把小事做好了，大事才能做好。

艰难的历程

19

吃苦的苦三年
不吃苦的苦一生

俗话说："吃苦的苦半生，不吃苦的苦一生。"意思是年轻不吃苦，老来必受苦。比如，上学时不肯吃苦，便难以考上理想的学校，就会错失进一步接受教育的机会；就业后不肯吃苦，就不能持续进步，只是"当一天和尚撞一天钟"，后半生注定碌碌无为。

由于我们管理严格，招来的大部分销售人员刚开始时并不适应。为了鼓励新员工干下去，开会时我对大家说："在'巧夺天工'，吃苦的苦三年，不吃苦的苦一生。如果连 3 年的苦都吃不了，随便去找一份轻松的工作，那注定要一生受苦。"刚建厂招聘员工时，我们发现很多人宁愿少挣一点钱也要去那些管理松散的厂家。现在，那些厂家基本都不存在了，但认可我们管理制度并坚持干下来的员工，有的在这里已经干了 20 多年。这些人既学到了技术又有了稳定的收入，而且随着公司的持续发展，他们将来的收入会更高。那些去了其他厂家的人，他们当时的收入和在我们这里时差距不大，现在却是天壤之别。他们就是没有长远的眼光，不肯吃苦，没能咬牙坚持下来。现在说起这些，他们也是非常后悔。

为什么说"吃苦的苦三年"？以"刮磨"为例，这是家具制作过程中最耗时费力的一道工序，需要用刮刀将家具的正反、里外全部处理得光滑平整，使其表里如一。整个过程需要纯手工操作，有时一个动作要几个小时重复不停地做，一天下来腰酸背痛，累得胳膊都抬不起来。但是只要不怕吃苦肯坚持，一年后养成了习惯，知道活应该怎么干了，也就不那么累了；第二年就会干得很轻松；干到第三年，很多人就能当师傅教徒弟了，工资也会逐步提高。

销售工作也是一样的。新员工入职后，从红木家具知识、传统文化、服务礼仪、销售政策的培训学习到成为一名合格的销售员，也需要 3 年左右的时间。在这期间，他们不仅得到了锻炼、提升了能力，还能改掉自身的很多缺点，凡是坚持下来的人都知道这种付出是值得的。

第三章

企业文化

企业文化

01

「批评文化」

在现代企业管理中，制定规章制度、严格管理是很正常的，但在我刚建厂时的90年代，公开批评却是很少见且让人很难接受的。

1995年建厂时，我已经全面地掌握了家具的制作技术，因此，每次招聘到新员工后，我都会手把手地教他们一遍。这期间，我发现了很多问题：他们的技能水平参差不齐；大部分员工的自我要求低，认为活干得差不多就行了；还有的不会使用工具，只会下蛮力，没效率。每次遇到这些情况，我都会一一做示范，提醒他们在以后的工作中注意改正。但是，长期养成的坏习惯是很难改变的，他们还是经常出错，并且很多人会犯同样的错误。我意识到只对某个人单独强调是不行的，必须制定详细的操作流程和标准，并对员工进行全面培训，严格管理，一旦有人犯错就要在会议上通报批评，让所有人引起重视，避免重复犯错。实行严格管理后，大部分员工接受不了，觉得当着大家的面挨批评很没面子，于是辞职离开，只有极少数员工能坚持下来。

随着公司规模的不断扩大，需要招聘更多的员工。我效仿同行，从外地找来有经验的技术工人。本以为这些人经过简单培训就能上岗，但实际情况并不是这样，他们之前的工作习惯和对产品质量的要求，都与我们公司的标准相差太大。我要求他们必须按照我们的标准去做，哪怕工资高一些也可以，但是这种严格的管理让他们很不适应。尤其是在会上挨批评时，他们更感觉难以接受，认为自己受到了侮辱，同样选择辞职离去。

由于不认可“批评文化”，员工走了一批又一批。反观同行，雇用的都是有经验的人。他们是怎么做到的呢？经过调查发现，原来是因为他们的要求低、标准低，奉行“表扬文化”，员工之间也是一团“和气”。通常情况下，领导讲话都是先表扬一番，再说“但是”，而我们这个行业，很多厂家的老板其实只是“摆设”，活怎么干全由工人说了算，老板连说“但是”的权力都没有，这种现象一直持续至今。就像电视剧《大染坊》里的剧情一样，如果陈六子不全面掌握染布技术，大华染厂就永远是一个小作坊，也就没有后来的大染坊了。

面对行业中的这种状况，我感到非常害怕，一群相互吹捧的人在一起，能干成事业吗？我想明白了，要走出这个怪圈，不受束缚，就必须打破常规。我下定决心，一定要把“批评文化”坚持下去，有经验的人干不成就找没有经验的人来干，尽管培训新员工需要一个很长的过程，并且要付出很大的代价，但是我们也没有其他的办法，只能沉住气慢慢来。

其实，我们的批评是合情合理的，而且批评不是挑刺、不是指责、不是批判，其本质是对缺点和错误提出意见，促使进步。员工犯的错误在开会时指出来，能让大家避免犯同样的错误，让大家在公平公正公开的环境下，看到自己的不足，改正自己的缺点，提高技术水平。尽管很多人对我们的做法不认可，但我们还是坚持了下来。

一段时间后，公司通过做思想工作和提高工资待遇的方式让员工的想法逐渐发生了改变，认识到只有高标准、严要求，才能把产品做好，才能让客户买单，工资待遇也才有保障。只要员工犯错，就会在会议上被公开批评，这逐渐成为一种制度；面对问题，员工之间、上下级之间都会直言不讳，而不需要拐弯抹角，大家也不会因为被批评而怨恨对方，反而感谢对方帮助自己成长；自己犯了错也能主动承认，同时提醒他人规避。这样就慢慢形成了健康和谐、团结向上的工作氛围，也形成了“巧夺天工”的“批评文化”。

在“巧夺天工”，指出缺点并督促我们改正的人，是我们生命中的贵人，我们要满怀感恩之情。与此形成鲜明对比的，则是在很多其他企业，如果你总是说别人的缺点、挑别人的毛病，即使是很要好的朋友也将一个个地变成“仇人”。在当今这个以表扬、鼓励为主的“夸夸文化”大环境下，我们推行“批评文化”的难度相当大，就像我们以流水线标准件来生产红木家具一样，是很多企业想做而做不到的。

总之，“批评文化”的核心在于：让发生的整个事件公开化、透明化，同时在处理的过程中接受大家的监督，在追根究底和公平竞争的环境下，淘汰那些滥竽充数的人，留下的就全是精兵强将。

一个认可、奉行“批评文化”的团队，也是一个求真务实、充满正义感的团队。“巧夺天工人”精益求精的做事态度、力求完美的执着精神，注定会形成这样的企业文化。

由于有了“批评文化”做支撑，我们组建起了一支凝聚力强、战斗力强的高素质队伍，从根本上保证了产品品质，最终赢得了越来越多消费者的认可。也正是有了“批评文化”，让我们敢于打破常规，挑战极限。我经常讲，“巧夺天工”的企业文化有很多，最重要的当属“批评文化”。

企业文化

02

道不同 不相为谋

“道不同，不相为谋”，意思是说想法和价值观不同的人，就不能在一起谋事。这也是“巧夺天工”企业文化中重要的一部分。

1995 年建厂后，我从外地招聘了一些技术工人，他们的优点是懂技术、会干活，缺点是故步自封、不求上进，且往往缺乏归属感，最后一个也没留下。从 1998 年开始，公司调整策略，以招聘本地人为主，以期实现人才本地化。面对严格的管理，大部分人还是不能适应，他们认为要求太过严格，没有必要这样做。后来，对于一些有能力的人，公司选择给他们留出时间，让他们先干着，希望以后可以通过说服教育来改变他们的想法。直到多年后我才发现，这种做法是错误的。有些人在公司干了很多年，最终还是两个结果，要么自己主动请辞，要么被公司辞退。

他们那些随意、懒散的习惯和“差不多就行”的想法，与我们“搞管理追根究底、做产品精益求精”的态度格格不入。他们虽然勉强在“巧夺天工”干了很长时间，也耗费了我们很多精力，但最终双方还是不欢而散。惨痛的教训让我们总结出经验，为了少走弯路，我们把“道不同，不相为谋”作为员工招聘时的一个重要的用人理念。

无论是生产部门还是销售部门，在招聘新员工时都按照同样的标准，这使我们的员工录用率一直很低。但是，只要新员工能坚持下来，就会获得很好的发展，这也正是“巧夺天工”员工稳定率高的根本原因。

我们不仅在员工招聘问题上秉承“道不同，不相为谋”的理念，对待客户也同样如此，因为并不是所有的客户都适合我们。那些不重品质而只看价格的客户，不适合我们；不认可“明码实价”的客户，也不适合我们。

之前，公司的一名销售人员接待了一位客户，虽然最后成交了，但他受到了批评。那位客户看出我们的产品做得好，但对“明码实价”和付款方式等都不认可，觉得自己没有受到尊重。销售人员与他交流起来也感觉很困难，最后虽然成交了，但很牵强。果然，后期在选货、交款、送货等环节出现了一系列的问题，对方连合同上所规定的“先付款后送货”的条款也拒不履行，耗费了我们很多时间和精力。与其“耗时费力不讨好”，不如拿出更多的时间去用心服务与我们“志同道合”的客户。

与客户之间的交往往往在客户定购产品之后才真正开始。如果客户一开始就沟通困难，与我们没有相同的价值观，他们就很难真正理解我们的经营理念、销售政策。即使勉强成交，后期也只会带来“负能量”，更谈不上“忠诚度”了。所以，不能只看眼前利益，要考虑长远，选择客户也应坚持“道不同，不相为谋”。

“巧夺天工”正是遵循了“道不同，不相为谋”的管理理念，才选拔、培养出一支向心力强、凝聚力强的员工队伍，为将来的持续发展打下了坚实的人才基础。

企业文化

03

什么是「正义感」

在我们招聘销售人员的面试表中，有这样一道题目：请谈一下你对正义感的理解，你认为自己有正义感吗？入职以后，新员工也被要求做一个有正义感的人。那到底什么是“正义感”呢？对此，不同的人有不同的理解，大部分新员工认为，正义感就是见义勇为；也有少数新员工认为，正义感是做正确的事，不要小心眼。当然，这些都是正义感的体现，但是还远远不够。那么，我们要求员工做到的“正义感”是什么呢？总结起来，就是以下三点：心底无私，胸怀坦荡；爱憎分明，敢于担当；处事公平，主持公道。

心底无私 胸怀坦荡

“心底无私天地宽”，一个没有私心的人，做事才能光明磊落，出现问题才能客观地分析，从自身找原因，从内心去认识错误并改正，这种人更容易得到别人的信任和认可。反之，一个私心大的人必定心胸狭隘。这种人自私自利，凡事以自我为中心，遇事只考虑自己，犯了错误不会主动认错改正，还会找出许多理由来遮掩；这种人爱贪小便宜，干工作时能少干就绝不多干。如果团队中这样的人多了，就会出现干工作互相推托、有功劳纷纷抢占、出现问题推诿扯皮等情况，造成团队严重内耗，这也是企业管理中最忌讳的。我们要建立一支高素质的队伍，首先要选拔出心底无私的人。

爱憎分明 敢于担当

一个爱憎分明的人，有自己的立场和价值观，知道爱什么、憎什么。比如，有些员工来我们公司上班，拿到的工资比之前高很多，并且发放及时，但他不会觉得有多好，因为这里的员工都这样；而他在之前单位的时候，工资很低还经常拖欠，但他也不会觉得不好，因为大家都那样。这种人没有立场、不辨是非，不知道爱什么、憎什么，公司为他提供再好的平台，他也不觉得有多好，不懂得感恩。

敢于担当，就是敢于承担责任，主动做事，认真负责，干工作竭尽全力，有困难迎难而上，多做事多承担。这样的人，有更大的格局，能站在更高的层次上考虑问题、解决问题。

处事公平 主持公道

处事公平的人，首先是一个没有私心的人。只有遇事从公心出发，才能平等待人，赢得尊重，树立威信。

主持公道，就是看到有人犯了错能当面指出来，看到有人受了委屈也能站出来替他说话，看到不合理的事就要说、就要管。

我们在选拔员工时，非常看重员工的正义感。尤其是对销售人员而言，这是一项必备的素质。很多人认为，“正义感”不应该和销售工作产生关系，销售人员应该八面玲珑、和气生财，不应该有太多的“棱角”。其实不然，一个眼睁睁看着客户吃亏上当而不敢指出其错误想法的人，客户会认可吗？一个为了成交而一味逢迎，不能给客户提出正确建议的人，客户会认可吗？答案当然是否定的。一个不敢说“不”的人，不会得到客户的认可，更不会赢得客户的尊重。

一个有正义感的人会自带气场，他一身的浩然正气也会影响到其周围的人；一群有正义感的人在一起，会凝聚起强大的、积极向上的正能量，企业才能健康地发展。

企业文化

04

厚德载物

“道德常常能弥补智慧的缺陷，而智慧却永远填补不了道德的空白。”道德是做人的根本，如果没有道德，纵使身有学问和本领也毫无意义，正所谓“德不配位，必有灾殃”。做人做事要以德为先，只有道德高尚的人才能承担重任，企业的发展靠的就是这种有道德、有责任感的人。“巧夺天工”之所以把“厚德载物”作为企业文化的一部分，也正是基于这一点。

聪明 + 勤奋 + 忠诚 = 人才。

聪明 + 勤奋 < 忠诚，如果说聪明和勤奋像金子一样珍贵，那么，还有一种东西比金子更加珍贵，那就是忠诚。

企业管理中，我们可以在很短的时间内考察出一个人是否聪明、勤奋，但要彻底了解一个人的忠诚度，就没那么简单了。“试玉要烧三日满，辨材须待七年期”，我们培养一名销售人员大约需要 3 年时间，培养一名销售经理或车间主任则需要至少 5 年甚至更长的时间。我们可以根据每个人的能力大小，做到人尽其才，但对于忠诚度的考量，则来不得半点马虎，它需要一个长期的检验过程。

那么，人才从哪里来？要想获得人才，就需要企业愿意承担风险、舍得投入成本、乐于自主培养，而不是靠这里去找、那里去挖。

“巧夺天工”的用人理念是：选对人，偏高使用，重点培养。

1. 选对人：按照企业内的选人标准，选拔出聪明勤奋、品德高尚的人。

在新员工刚入职的 3 个月内，我们并不会重点考察他的能力大小，而是重点考察他的处事原则、人品德行。看他是一个敢于担当、有主见的人，还是一个做事情习惯推诿、随风倒的人；是一个勤奋好学、严谨务实的人，还是一个不求上进、懒散拖拉的人。此外，还要考察员工是否有正义感，是否敢于说真话，特别是在自己的顶头上司面前，对于不好的人和事是否敢于直接指出。

2. 偏高使用：对于符合上述条件的人，即使能力稍有欠缺，也可以委以重任，边干边培养。

3. 重点培养：被“偏高使用”的人走上重要岗位后，需要承担更大的责任，能力也会不断得到提升，但这个过程是漫长的，需要公司领导花费大量的时间和精力予以悉心指导，促使其尽快成长。

堡垒最容易从内部攻破。如果选错了人，让“坏人”走上了重要岗位，就会出现如“王莽篡汉”一样的事件，那将使企业和团队遭受“灭顶之灾”。所以，若发现团队中有“害群之马”，要坚决予以驱除。“巧夺天工”在招聘员工时，始终把人品放在第一位，只招“好人”。倘若招来的是“坏人”，即使倾尽所有，也无法把他培养成“好人”。

“宰相必起于州部，猛将必发于卒伍。”在“巧夺天工”，所有的中层管理人员都是从基层员工中选拔出来的，他们都经受住了“德”的考验。他们伴随着企业一起成长，能深刻地理解并认同“巧夺天工”的企业文化，忠诚可靠。

有些企业虽然不乏德才兼备之人，却不能“载物”，正如《三国志·吴书·钟离牧传》中说，“非成业难，得贤难；非得贤难，用之难；非用之难，任之难”。在红木家具行业中，以木材采购为例，因资金动用量大且过程不易被监管，在一般企业里都是由老板亲自去办，但在“巧夺天工”，这项工作可以放手让员工去做，并且谁去老板都放心。合作多年的木材供应商林先生说：“让‘外人’来采购木材，你们是我在红木家具行业见到的第一家。派来的人都把公司当成自己的，从不捣鬼、不耍小聪明，这真是企业的一笔巨大财富。”

有德无才，培养使用；有才无德，坚决不用。人品好的员工，其能力可以慢慢培养，如果一时做不了重要的工作，则可以从简单的做起。但有才无德之人，能力越大越危险。

好的人品，不仅表现在为人处事实实在在、不弄虚作假、不贪图小利，更表现在看大事、明大理、心胸宽广、忠实可靠。只有这样的人才会心无杂念、全身心地投入工作，也只有把这样的人聚集在一起，才能构建一个“无私、利他、互助、信任”的团队，从而使企业高效有序地运营。

“小胜靠智，大胜靠德。”只有以道德为基础构建起来的企业大厦才会根基稳固，屹立不倒。

企业文化

05

「空瓶子」理论

一个空瓶子，无论倒入多少清水，它里面始终是清澈透明的，但如果里面已有浑浊的水，就算倒入再多的清水，它里面也是浑浊的。

很多企业在招聘员工时，都会优先录用有从业经验的人，有的企业甚至会想尽办法“挖墙脚”。“巧夺天工”却反其道而行之，不用“空降兵”，不接纳从事过本行业的、有经验的管理人员。这就是“巧夺天工”的企业文化之一——“空瓶子”理论，而这种文化也是从实践中慢慢总结出来的。

公司刚转型生产红木家具时，曾招聘过一些行业内的管理人才，他们有的曾在一些大厂家当过高管，经验丰富，但干不了多久就暴露出很多问题。

1. 质量要求标准低。我们的榫卯工艺必须严格按照“2 / 3 榫”的标准进行生产。比如，腿部木料的宽度是 6 cm，那牙条上的榫头则要达到 4 cm。但他们认为，把榫头做成 3 cm 或 2.5 cm 都可以，没有必要那么精确。

2. 不认同我们的企业文化，特别是“批评文化”。他们认为，员工犯错不应该公开批评；当他们自己犯错时，也容不得别人批评。

3. 墨守成规，不接受新事物。一个企业只有不断创新，才能永葆生机。但是，这些所谓的管理人才固守老一套，认为他们自己原有的工作方法、管理经验已经很好了，不仅不听取我们的意见，反而认为我们不会管理，觉得自己的才能没有施展出来。

实践证明，这些有过从业经验的人已经形成了较为固定的思维方式和工作习惯，且很难被改变，故而他们难以适应“巧夺天工”的管理制度与企业文化。招聘这样的人，看似是走捷径，实则是走了弯路。从此，“巧夺天工”不敢再用“空降兵”。

不仅管理人员需要企业自己培养，基层员工也是如此。刚开始生产红木家具时，公司也招聘过一些有“经验”的技术工人，他们同样很难沟通。就“刮磨”工序而言，公司的标准一直都是“表里如一”，即家具底部、背面的刮磨工艺必须与表面的一致。但他们一贯的做法是只做好表面，底部、背面的工艺会差一点，因此，他们对“巧夺天工”所采取的“有点小瑕疵就在会议上遭批评”的举措感到难以接受，认为这样太苛刻，是“鸡蛋里挑骨头”。

销售人员也是一样，他们不仅需要有丰富的专业知识，还要真正理解并认同公司的文化、制度，这样才能给客户提供优质的服务。员工入职后，要练习写正楷字，以培养自身细致、踏实的工作作风；每天要写工作日志，学习服务礼仪，不能迟到早退，上班时间不能做与工作无关的事。对此，那些有“经验”的销售人员并不认可，声称“销售就是看业绩，只要把产品卖出去就行了，哪有这么多讲究，简直闻所未闻”。对于“批评文化”，他们更是难以接受。

“巧夺天工”主张招聘没有经验的员工，一张“白纸”从头开始，这样就能使他们更好地接受公司的理念和文化，久而久之，与企业融为一体。大家志同道合，人员自然就稳定了。

这也正是“空瓶子”理论背后的真谛。

公司培训没有从业经验的新员工所花费的精力和成本是很高的，但作为公司领导，就应该有长远发展的战略眼光，在员工培训方面要舍得投入。只有统一思想，保持思想上的纯洁性，才能打造出一支“目标一致，铁板一块”的队伍，把事业做好。

企业文化

06

「追根究底文化」

被誉为“经营之神”的中国台湾著名企业家王永庆先生，在谈到自己的成功秘诀时，首先提到的一个词就是“追根究底”。“追根究底”是一种执着而可贵的精神，是一种追问到底的做事态度。

从古至今，人类文明的发展与进步始终离不开这种精神。若没有这种精神，牛顿就不会发现“万有引力”，哥伦布就不会发现“新大陆”。企业管理也是同样的道理，绝不能满足于“点到为止”“差不多就行”，只有找到根源，才能真正把问题弄清楚，进而彻底解决。这就如同医生看病，只有辨证施治、对症下药才能治病救人。倘若头痛仅治头、脚痛仅医脚，不仅不能从根本上解决问题，反而会越治越糟。由此可见，要想把事情做好，必须具备执着的探究精神和精益求精的做事态度。

“巧夺天工”对每位员工做事的基本要求就是“追根究底”，尤其是管理层，更要具备这种态度和能力。

员工在工作中出现错误，管理者首先要考虑：是流程、制度不合理，还是员工自身存在问题？若是流程、制度有问题，则应马上理顺、完善；若是员工自身存在问题，则一定要分析出原因，不能简单批评了事。多人犯错也不能“各打五十大板”，必须分清主次责任，既让当事人心服口服，避免产生分歧，又让他们知道自己错在哪里，在工作中能举一反三，避免重复犯错。

2001年，市场上板式家具盛行，经过考察，我们也准备投入生产。但是，很多客户反映市面上流行的板式家具不耐用，柜门经常脱落，螺丝钉也拧不牢，因而大家都认为这种板材不行，这种家具不能用。针对这一问题，我们进行了研究、试验，发现了问题的根源。在生产过程中，由于很多厂家没有进行统一管理，柜门的安装、打孔完全由工人自己掌握。为了方便安装，工人往往会把孔开得偏大，致使后期拧上的螺丝钉易松动，进而导致柜门脱落。

我们采用流水线生产模式，分工细致、统一管理，工人只能按照流程标准去做。家具上所配的合页、螺丝钉、滑道等都是由车间主任去大厂家统一定制的，并且每次定制的量都非常大，以螺丝钉为例，我们每次采购的数量都足够用一年，这让供应商也很不理解："为什么一次定这么多？后期有需要再定也不迟，这样做只会压资金。"其实，之所以这样做是因为：即使是在同一厂家定制，不同批次生产出的产品也会存在些许误差。此外，为了确保所打的孔眼与螺丝钉规格"零误差"，我们还会根据螺丝钉的规格尺寸来定制专用的钻头，这样做出来的柜门不仅不易脱落，反而想卸下来都很困难。

至今，仍有客户说："我之前从你们这里买的板式家具，到现在都很好，想换掉却舍不得。"

2007年，公司转型生产红木家具，当时，整个行业都遇到了产品易变形开裂的难题。为了解决这个问题，大家首先想到的是干燥工艺出了问题，我们也是先从这一环节入手。经过多次实验，干燥工艺已经没有问题了，但有的家具依然会变形开裂，问题究竟出在哪里？技术人员日思夜想，对每件产品逐一研究、每道工序逐一排查，最终发现变形开裂的家具是用了一些处于生长期的小树料或树根料做成的，还有一些用的是特别弯曲的料。至此真相大白，要保证家具不变形、不开裂，不仅要把干燥工艺做好，还要在选材上严挑细选。自此，“巧夺天工”不惜投入高额成本，确立了只选大树主干料、“一木一器”制作红木家具的选材标准。

“巧夺天工”的各项政策、制度，正是在这种追问到底的做事态度的影响下，得以逐渐完善，变得更加科学合理。“追根究底”将作为一种企业文化代代传承并发扬下去。

企业文化

07

做事简单化

越是复杂的事情，越要用简单的方法去解决，“化繁为简”往往会收到意想不到的效果。越是简单，越需要智慧。

“做事简单化”，即在做事的时候去掉多余的环节，抓住重点，直达核心，不做“无用功”，进而更快更好地完成工作。这是一种科学高效的工作方法。

“巧夺天工”的员工常说，在这里上班很简单，不用请客送礼、讨好领导，只要干好工作就行了；“巧夺天工”的客户常说，在这里消费很简单，不用讨价还价、托关系找人，只需选择产品就行了，这就是“巧夺天工”所遵循的“简单文化”。

遇到同事结婚生子、乔迁新居，互送红包、“随份子”以表达情意，似乎是再平常不过的事了，但在“巧夺天工”却有一条规定：员工之间一律不准请客随礼！

这样一条看似不尽人情的规定，却得到员工的一致点赞，这又是为什么呢？以前，企业规模小、员工少，遇到这种情况，大家在一起聚一聚也权当是联络感情了，但是随着企业规模不断扩大，员工越来越多，在这些事情上耗费的时间和精力算下来就很可怕了。今天你办满月酒，明天他过生日，后天还有结婚的……你送我，我送他，如此“恶性循环”，不仅占据了大量的时间和精力，还会影响工作。这条规定的发布，无疑是呼应了大家的心声。

人的精力是有限的，应该把有限的精力用在更有意义的事情上。

“巧夺天工”所倡导的“做事简单化”，不仅体现在人际关系的处理上，更体现在日常的管理工作中，干工作就要“一竿子到底”，能一个人干好的绝不安排第二个人。公司实行“二级管理制度”，组织扁平化，包括我在内的所有管理人员都不能做甩手掌柜，必须深入一线了解情况，解决问题。比如，销售部的会议，由我和部门经理、销售人员一起参加，针对客户当天提出的问题，当场分析论证、得出结论，不用层层汇报。生产部门也是如此，没有层层界限，可以直接沟通。这样既能让领导快速、便捷地掌握“第一手资料”，又能保证信息的真实性、准确性。

“做事简单化”同样贯穿在销售环节中。“巧夺天工”的产品实行“明码实价”，不打折、不议价，顾客可以把更多的精力放在选择满意的产品上，而不必在价格上浪费时间和精力，毕竟买到好产品才是最重要的。“明码实价”看似不给“情面”，实则是对客户最负责任的做法。

不知不觉中，“做事简单化”已成为“巧夺天工人”独特的思维方式和工作方法。

第四章

打造百年企业

打造百年企业

01

确立战略目标

从2000年开始，我国的红木家具市场日渐火爆，全国红木家具的生产厂家最多时达到3万余家。2014年，红木家具的热度开始走低，厂家数量仅两年时间就减少了一半，之后逐年递减。2018年，据业内数据统计，全国红木家具的生产厂家减至1万余家。

近几年，跨行业生产红木家具的企业明显增多，它们或是化工企业，或是建筑商、制药商、钢材商等。这些厂商实力雄厚，大部分都有现成的厂房。它们在购进设备、材料后，会从行业内以高薪挖一些有经验的工人，然后就开始“搭台唱戏”。这本是一件好事，因为没有经济实力是干不好这行的，但遗憾的是，这些企业的寿命都不长——他们只看到了这个行业有钱可赚，却没料到红木家具生产对工艺的要求如此之高，如果缺乏专业的技术和精益求精的工匠精神，就注定是做不好也做不久的。因此，很多企业干了两三年，还没“入门”就匆匆“收场”了，在市场上留下了一堆粗制滥造的产品，加速了对本就稀缺的红木资源的消耗。

进入一个行业相对简单，但做专做精却很难，特别是红木家具行业。红木家具的生产工序复杂、专业性强、手工操作环节多，而且用人量大、人员较难管理，若不能全身心、长时间地投入其中、深入钻研是干不好的。

2007年，公司转型生产红木家具，并确立了“打造中国红木家具第一品牌”的战略目标，我们潜心研究红木家具的制作工艺，摒弃了传统的作坊式生产模式，用了10年的时间独创出一条红木家具流水线生产、标准件制作的路径。经过 8 年的实践与探索，研发出一套独特的木材干燥工艺，解决了困扰红木家具行业多年的技术难题，并获得了国家发明专利。在此基础上，我们又用了 3 年时间，经过反复试验，实现了 8 cm 厚的面板不收缩、不变形的技术目标。在有的行业，一些企业三五年就能做大，但红木家具行业有其特殊性，三五年的时间可能连家具是怎么制作的都还没弄明白，更不要提做大做强了。

2018 年，我们引进了世界顶级的意大利宝利诺巴吉木工机械有限公司生产的木工机械设备——五轴联动数控加工中心。该设备的先进程度超出了我们的想象，它能把以前要经过好几道工序才能完成的加工任务，一次性地高效完成，不仅精密度极高，还大大提高了安全系数，杜绝了工伤事故的发生。

五轴联动数控加工中心

一流的企业背后，必定有它先进的管理理念和企业文化。由于引进了这些设备，我对意大利宝利诺巴吉木工机械有限公司有了更多的关注。它是世界上领先的机械设备制造商，创建于1918年，具有悠久的历史和丰富的生产经验，起初主要制造用于生产实木椅子的木工设备，其家族式经营如今已至第四代。一百多年来，该公司专注于数控机械领域，通过几代人的接续努力，使产品不断升级，获得了多项技术专利。如今，他们的设备不仅可以加工家具零部件，还可以加工铝材、塑料及其他复合材料，具有高品质、高精度和高稳定性等特点。像意大利宝利诺巴吉木工机械有限公司一样，多数德国、意大利、日本的百年企业，规模都不大，因为他们不仅仅关注企业规模、员工数量等外在表象，更关注产品品质的提升，秉承匠心精神，科学管理、不断创新，始终走在行业最前沿。关键的一点是，他们能把这种精神一代代地传承下去。

2018年，“巧夺天工”的发展定位从“打造中国红木家具第一品牌”提升为“打造百年企业，只做传世精品”。“打造百年企业”，不是简单的一句口号，而是我们经过20多年的发展实践，制定的长远战略目标。

从事红木家具制造业，必须耐得住寂寞，坚守匠人精神，执着专注，始终如一。每个技术难题，都要通过反复实践才能真正找到解决的办法，没有时间、没有投入是不行的。我们每年都会拿出大量的资金，用于产品设计研发、技术革新、设备升级，以保证做出的产品件件是精品、件件能传世。

“十年树木，百年树人”，要打造百年企业，就要在团队建设和作风传承上有更加长远的眼光，因为这个奋斗目标需要几代人的共同努力才可能实现。经过20多年的发展，我们已经拥有了一支优秀的管理团队。2015年，公司评选出8位“企业功勋人物”，他们当时的平均年龄是36岁，他们还可以在红木家具行业奋斗20余年。目前，我们又培养出一批年轻的管理干部，10年后，他们也将成为企业的中坚力量。

2015年，“企业功勋人物”合影

通过多年的实践，我们制定了科学合理的制度标准，掌握了红木家具制作的核心技术，探索形成了一种独有的企业文化，这是“巧夺天工”发展的基石。“十年企业靠经营，百年企业靠文化”，只要我们心无旁骛、专心专注，一代代地干下去，这些制度、技术、文化也将随着“巧夺天工人”而一代代地传承下去，并会越来越完善。我们有信心、有能力，制作出经得起检验、值得收藏的传世精品，为“打造百年企业”奠定坚实的基础。

打造百年企业

02

择一事 终一生

现在，很多企业喜欢玩“资本游戏”，希望能一夜暴富，当小有成就后就开始尝试“多元化”经营。而在德国、日本等国家，很多百年企业都只专注于某一领域，几代人只做一件事。时移势易，什么都有可能改变，唯有那种专注、持久的精神始终不会变。

改革开放40余年来，中国经济蓬勃发展，有些企业做大做强了，有些企业却因违背了市场规律、急功近利，很快就垮掉了。这些“短命”的企业大多存在以下两种问题：一是未专注于某一产业，而是贪大求快，跨行业经营，盲目扩张；二是虽然只从事一个行业，但缺乏长远谋划，只顾眼前利益，不重视团队建设，没有核心技术，其产品也缺乏竞争力。

我从17岁开始学习木工技术，到现在已经40多年了，几乎把所有的时间和精力都用在了研究制作家具上。为了方便工作，2012年以前，我一直在厂内居住，别说周六周日休班了，但凡有天晚上不加班就算是休息了。搬离厂区后，我每天都会按时上班，这些年的晨会从没耽误过；下班后，通常是最后一个离开。每年临近春节，从小年起，生产人员就放假了，销售人员也开始轮流值班，而我会一直坚持工作到除夕，就连大年初一、初二回老家拜年之前，也是习惯性地先到公司转一圈。

我注定要在这个行业奋斗一生。在“巧夺天工”，工龄超过20年的员工有很多，他们也注定会一生从事这个行业。既然我们选择了这个行业，就要耐得住寂寞，不受外部环境的影响，坚守初心，追求完美，把产品做到极致——择一事，终一生。

03

缺乏匠人精神的企业是走不远的

红木家具起源于中国，其历史可以追溯到唐朝时期。据史料记载，在唐朝末年，匠人就曾利用先进的木工技术及丰富的材料资源，打造出了一批精美的红木家具。在宋朝时期，红木家具的制作工艺不断精细化，表现出了独具风韵的艺术品位。明朝时期，由于“木匠皇帝”朱由校热衷于家具制作，使得那些王公大臣也都加入进来，研究制作红木家具，促进了明式家具的兴盛和发展。尤其是在工艺制作和器型设计方面，明式家具达到了当时世界上的最高水平。

然而近 400 年来，古典家具的器型设计水平非但没有进一步提高，反而倒退了，以致现在市场上的红木家具在器型方面做得经典、考究的很少——连传承都做不到，更别谈创新了。究其原因，在于后世的人不够专心专注，只把做家具当作谋生的手段，而这样是注定做不出好产品的。

其实，家具的制作原理很简单。器型设计在明清时期就已经做得很好了，有些甚至照抄照搬就行了；榫卯结构的原理则更加简单，大家也都知道怎么做，但为什么做不好呢？原因就在于缺乏匠人精神。

“巧夺天工”发展到今天，大致经历了以下几个阶段。

建厂前，我一个人干的时候，既没有技术也没有资金。在这种情况下，我遇到了种种困难，若没有顽强的毅力是坚持不下来的。

1995 年建厂后，我竭尽全力想把家具做好，但要让工人的想法和我的一样，是异常困难的，我曾无数次想打退堂鼓。

2007年转型生产红木家具，我本以为干了这么多年应该得心应手了，但红木家具的生产工艺要求之高超出了我们的想象，我们又不得不从头学起。当时，有很多干了多年的老员工都因干不下去而辞职了，之前已成熟运转的流水线生产模式也几度遭到质疑。

这几十年来，我们是顶着巨大的压力走过来的。我们养成了执着专注、精益求精的做事态度，有了更高的标准和更长远的目标，有了把产品做到极致的追求。这就是匠人精神，这种精神是很多人所缺乏的，也是很多企业坚持不下去的原因。

到底什么是匠人精神？仅有打造精品家具的想法就够了吗？不够；仅有大量的资金投入就够了吗？不够；在这个行业坚持干了几十年，甚至投入了几代人的心血，就够了吗？也不够。对于这个问题，不同的人有不同的理解、不同的回答，但我只知道一件事：没有匠人精神是做不出精品红木家具的，缺乏匠人精神的企业是走不远的。

打造百年企业

04

稳健发展

2016年，我去澳洲看望留学的儿子时，和我的好朋友尹总来到一个红酒庄园参观考察。我问庄园的老板今年生产了多少瓶红酒，他回答55000瓶；我又问去年生产了多少瓶，他回答55000瓶；我接着问前几年每年生产多少瓶，他的回答还是55000瓶。我说："怎么一直不发展？"园主说："我父亲管理庄园的时候，每年生产50000瓶，我接手才10年就发展到了每年55000瓶，已经很不错了。"我又问尹总，这里的红酒卖得好不好？尹总说："卖得很好，刚下完葡萄，还没开始酿造，就全部预定完了。"我说："既然这样，为什么不加大产量呢？"尹总回答："庄园就这么大，葡萄的产量是有限的。"我说："可以再种葡萄树……"尹总哈哈大笑，说："如果按照咱们的想法，第一年生产50000瓶，第二年就要生产70000瓶，第三年就可以翻一番了，对不对？"我说："对对对，应该是这样的。"尹总接着说："刚来的时候我也不理解，觉得红酒卖得这么好，应该快速发展才对。但是，澳洲人有他们的生活方式，他们每年只拿出一定的时间做红酒，其他的时间则用来旅游度假，享受生活。他们做事很讲规矩，酿酒的时候会严格地按照标准来做，产多少葡萄就酿多少酒。在这里，不用担心买到假酒。到底是我们的想法对，还是他们的想法对，取决于从哪个角度来看待这个问题……"

澳洲一行，让我有了深刻的感悟。我查阅了一些德国百年企业的发展历史，发现它们大部分是一些"小"公司、"慢"公司，有些企业几十年来的规模就那么大。他们更专注于在固有领域不断攻克技术难题，提高产品的附加值，提升品牌的竞争力，让企业健康、长久地活下去。而我们的企业会更多地关注每年增加了多少员工、扩建了多少厂房、提升了多少产量。虽然有些企业的经营状况良好，但其管理者却头脑发热，盲目扩张，导致内部管理、员工培训等都跟不上发展的步伐，企业所制定的目标也虚高、不切实际，企业发展全凭侥幸和豪赌。结果，有些企业活了20年，有些活了10年，有些“一眨眼”就不见了。还有一些企业，具备长远的战略思维和眼光，并基于实际情况而制定了宏大的目标，虽然发展的速度迅猛但并不盲目，这样的企业可以说是成功的，但只是极少数。

一个成功的企业从小到大、从大到强一步步发展起来，大都有自己的一部“血泪史”，也会经过一个寻路探索的漫长过程，最终建立起一套科学合理、行之有效的管理办法。这样的企业大都能在纷繁复杂的市场竞争中顽强地生存下来，并具有良好的发展势头。

我们转型生产红木家具后，大胆摒弃了传统的小作坊式生产模式，独创了一套红木家具流水线生产模式。这在当时是极具挑战性的，大家都认为不可能实现，我们是在走一条前人没有走过的路。最终，我们用了整整10年的时间，彻底实现了流水线生产、标准件制作，打破了几百年来红木家具无法规模化、机械化生产的桎梏。整个探索与实践的过程是枯燥的、漫长的，急于求成肯定是不行的。像牛奶、饮料等行业中，有些企业两三年就能做大，而我们这样的传统红木家具行业，要想长久生存，就必须结合自身的实际情况，循序渐进，稳健发展，切忌急于求成。

既然我们确立了“打造百年企业”的目标，就应该慢下来、稳下来，有些事情可以缓一缓，晚一年再干会轻松许多。比如，前些年，我们让公司里的销售人员担任经理到外地开店，大家干得都很吃力。后来回想起来，如果晚一年，等他们的能力提高了再去，或许就轻松许多。培养一名销售经理或车间主任，大约需要几年甚至十几年的时间，企业的发展同样需要时间，若急于求成，反而会误事。“欲速则不达”，企业不能不发展，但绝对不能盲目发展。如果我们能提前 3 年进行总结，就会少走很多弯路；如果我们能提前 5 年进行总结，就会有很多优秀的企业存活下来，避免许多悲剧的发生。

打造百年企业

05

做传世精品

经常有人说，精品红木家具是可以收藏和传世的。那么，什么样的家具才称得上“传世精品”呢？我认为，“传世精品”至少能传承几代人、使用上百年，既有实用性又有观赏性，并且“材艺型韵”四者俱佳。

有客户和我聊天时，问道：“我考察了市场多年，发现交趾黄檀的价格昂贵、品质上乘，可为什么用它做成的红木家具还会出现问题呢？”我说：“这种木材的优点是油性大、密度高，能沉于水，且容易形成包浆，千年不腐。但是，油性大、密度高会导致木材木性大，在被制作成家具后易变形开裂，这就对生产工艺提出了更高的要求，而市场上生产红木家具的厂家以小作坊居多。他们往往管理松散、标准低，设备落后、工艺差，就算用好材料也很难做出好产品。”

“三分材、七分工”的说法是对一般家具而言，但对传世的精品红木家具来说，我认为应该是“一分材、九分工”。尽管木材之间的差距很大，但生产工艺之间的差距更大。只要舍得花钱，想用好材料并不难，但是好的生产工艺不是舍得花钱就能有的。同样是千年不腐的交趾黄檀原料，若是用粗制滥造的工艺做成家具，一到冬天开暖气时，就会出现变形开裂的现象，用不了多久就会松动散架，这样的家具没有一点价值；而我们现在使用的木材干燥工艺获得了国家发明专利，其烘干处理时间达半年以上，从而能够保证木材的稳定性；流水线标准件制作所采用的，是世界上最先进的生产设备；榫卯工艺更是科学精准、零误差，这样做成的家具，即使用上几百年也不会有问题。

我们在做好木材干燥处理、榫卯工艺、器型研发等环节的基础上，还严格地按照“一木一器”的标准去制作红木家具。“一木一器”不仅对木材的要求高，对生产工艺的要求更高，没有科学严格的管理制度是做不到的。

近几年，红木资源几乎消耗殆尽，而市面上能称得上“精品”的家具少之又少，每当在车间生产会议上说起这件事，大家都感到非常遗憾。可喜的是，通过多年的实践与探索，我们组建了一支科学务实的管理团队，公司也具备了打造传世精品的技术条件。如今，我们就应该不遗余力地去做好每一件家具，为我们这个时代留下更多值得骄傲的传世之作。

06

兵在精　不在多

秦末汉初，匈奴逐渐强大，对西汉政权构成严重威胁。汉文帝时期，朝廷多次派兵讨伐匈奴，但因国力不支，最终无功而返。经过“文景之治”，汉朝国力大增，到汉武帝时，刘彻下定决心要彻底消灭匈奴，便派遣大将军卫青出兵讨伐匈奴。两军多次交战，虽然互有胜负，但是西汉耗费了大量的人力、物力。后来，汉武帝又派霍去病统领 50 万兵马，继续讨伐匈奴。

霍去病认为不能再按之前的办法攻打匈奴，因匈奴是游牧民族，行动迅捷，他们打得赢就打，打不赢就跑，而已方却是大军征战，缺乏灵活性，行动迟缓，这样一来，已方战果往往不佳。如此无休止的征战，只会耗费国家的钱粮。他决定尝试新的办法，挑选精兵强将，长途奔袭，来个出其不意，以迅雷不及掩耳之势攻其不备。

霍去病从 50 万大军中选出 5 万士兵，又从 5 万士兵中精选出 3 万士兵，选兵比例近 20 ∶ 1。这些士兵既能用枪又能舞刀，骑马射箭，百发百中……

这些弓马娴熟的勇士，在没有后勤保障、不需粮草供应、每人只带 3 天干粮的情况下，行进速度如旋风一般。军队所到之处，敌人还没反应过来，人头就已落地。匈奴士兵被这些骁勇善战的“神兵天将”吓破了胆，争先逃命。霍去病的军队狠狠地打击了匈奴，汉武帝终于一雪前耻，这也成就了霍去病一代名将的威名。

在企业管理中，怎样才能让员工成为精兵呢？

一是招聘标准要高，这是最关键的因素，好员工是培养出来的，也是招聘而来的。在条件允许的情况下，要尽全力做到多中选优。如果一开始招来的人就不符合标准，那后期无论耗费多少精力，也不可能将他变成一名精兵。一些致命的缺点，很多人是无法改掉的，我们不可能把一个自私自利的人培养得大公无私，也不可能把一个天生平庸的人培养得精明能干。

二是对员工严格要求。“出满勤、干满点”是对员工最基本的要求。工作中出现问题，既要“一事一议”，也要“追根究底”，这样才能将问题彻底解决。

怎样才算“出满勤、干满点”呢？在一些单位，员工的时间安排是很自由的，即使单位里实行的是计件工资制，工作也大都不会太紧张；中层干部也很清闲，上班时间找不到人是常事；销售岗更是一个清闲的岗位，来了顾客就接待一下，没有顾客就随便了——喝茶、嗑瓜子、玩游戏、看电视剧等，都司空见惯。在“巧夺天工”，采用的也是计件工资制，但车间管理非常严格，对员工的要求也很高，提倡能多干绝不少干、能拿高工资绝不“小富即安”。管理人员会想办法解决影响效率的问题，进而让工人全身心投入生产。在这样的制度要求下，工人连去洗手间都要骑自行车，整个车间呈现出一派紧张有序、争分夺秒的生产景象。销售人员也是一样，每天的任务都不轻松，除了接待、维系客户，还要参加培训学习和各种考核等。

所谓“出满勤、干满点”，就是不懈怠、不虚度，让员工养成严谨高效的工作习惯。只有这样，才能让精干的人越来越精干。如果日常工作随意懒散，时间久了，精干的人也会逐渐变得懈怠。

处理问题“一事一议”，是指对于问题要发现一件处理一件，就事论事，彻底解决。不要等到问题成堆后再去处理，这样会让人有秋后算账的感觉；本来是非常简单的小事，处理起来也会比较麻烦。所以，我们主张“日事日毕，日清日高”。

可为什么一定要在会议上公开处理呢？因为只有这样才能真正做到公平公正公开，好处是很多的。一是可以把事件的原委全部亮出来，便于追根究底、分析清楚，这对处理问题的负责人也是一个考验，因为他要接受所有参会者的监督，必须做到心底无私、公平公正。二是让当事人知道自己错在哪里，从内心认可，心服口服。三是让参会者都受到教育。长期在这样的环境下，大家天天做总结、天天受教育、天天在进步，不断认识到自己的缺点并加以改正，不断学习优秀员工身上的优良品质，久而久之，就具备了看大事、明大理的优秀品格，遇事不再互相推诿扯皮，而是多做事、多承担，能力也会不断随之提高，人也越来越精干。这样形成的员工队伍才能经得起考验，成为“铁板一块”。

在企业的发展过程中，一支队伍强不强，不在于这支队伍有多大，而在于队伍中的每一名成员是不是精心挑选的，他们是否都经受住了考验。如果是，哪怕队伍中的人再少，这支队伍将来也会有所作为；如果不是，即使队伍中的人再多，将来也不可能有大作为，正所谓“兵在精，不在多”。

打造百年企业

07

坚持自主培养人才

企业要发展，人才是基础，那么人才从哪里来呢？有的企业从长远打算，舍得投资，不怕麻烦，从基层选拔员工慢慢培养；有的企业看重短期利益，采取粗犷式经营，追求快速发展，多是招聘有经验、有技术的从业者；还有的直接“挖墙脚”，这样做的优点是人才来得快，企业发展的速度也相对较快，缺点是员工缺乏归属感，缺乏统一的价值观，部门之间难以协调，管理层很难形成“拳头”，这样企业就容易出现问题。

改革开放40多年来，赶上“头班车”的企业很早就赚得盆满钵满，把改革开放的红利尽收囊中。我们是2007年才转型生产红木家具的，比我们干得早、干得大的民营企业有多少？和我们在一个起跑线上的民营企业又有多少？以我们济南市钢城区为例，民营企业到底有多少家，谁能数得清？依托莱芜钢铁厂这个大型国企，仅做钢材生意的经贸公司就很多，同时还催生出一些钢铁深加工企业，这个产业链若是延伸下去将会不得了。然而，最近十几年，这些企业大部分都已人去楼空，倒闭了十之八九。这些企业之所以倒闭，看似是受外部环境的影响，其实是内部出现了问题，他们大多没有长远的打算，把创业看得太简单，低估了企业发展中的各种风险。尤其是在用人方面，除了用自己的家人、亲戚以外，就是以“挖墙脚”为主，认为用“空降兵”省时省力，是走捷径。殊不知，捷径是最长的弯路，这样的企业发展得快，倒闭得也快，这就是粗犷式经营带来的必然结果。据有关权威机构统计，中国民营企业的平均寿命是3.7年，只有亲身经历了，才知道经营好一个企业有多么不容易。

1995年建厂时，我们也聘用过一些有经验、有技术的工人，他们把之前学到的东西教给我们，我们是受益者，但是20多年的用人经验证明，这些有经验、有技术的人，大部分都有一个非常致命的缺点，就是墨守成规，向往轻松的工作环境。在很多企业，部门领导的职责主要是开会安排工作，然后喝茶聊天、喝酒应酬，上下班可以晚来早走。在“巧夺天工”就不同了，不管是车间主任还是销售经理，都是按时上下班，出满勤、干满点，要求员工做到的，管理人员首先做到，要给员工做表率。同时，我们的管理干部动手能力强，始终坚守在工作一线。若想让那些光说不干、纸上谈兵的“理论家”按照“巧夺天工”的标准去做事，可能吗？

再说一线员工。他们来到“巧夺天工”后，不只要出满勤、干满点，还要确保产品质量高标准、严要求。他们在之前的单位里，每天的工作量只用半天时间就能完成，而我们实行有差别的计件工资制，干不好不行、干慢了也不行。一天下来非常紧张，若是不小心出现了质量问题还要赔偿损失，这让很多人适应不了。让一个人在一种宽松的环境下工作，是一件非常愉快的事，可让一个平时懒散惯了的人，按照“巧夺天工”的标准去改掉自身的缺点、养成一种好习惯、练就一身硬功夫就太难了，除非他有“脱胎换骨”的想法、“凤凰涅槃”的决心。

2020年，我们选择了走“直营店销售模式”的路子，加大了对销售人员的招聘力度。在哪里开店就在哪里招人，范围大了，人也多了，但遗憾的是，我们所招聘的销售经验比较丰富的人，最终大部分都干不下去。在一般单位，销售人员只拿业绩说话就行了，其他事务不必多干，有的为了促成交易，会随意向客户承诺履行不了的事。但我们所招聘的新员工，要从基层做起，从一点一滴的实际工作做起，打扫卫生，端茶倒水，练习写正楷字，每天上交晨会作业。最重要的是，在接待客户的过程中，承诺的必须做到，做不到的绝不答应；每项工作的流程标准，必须严格执行。我们不但要求新员工平常工作扎实、认真，而且还要有管理才能、有正义感、有大局观。在这样的标准下，真正留下的人就更少了。

无论哪个部门，每年面临的问题都是招人难，留人更难。因工资待遇高而前来面试的人很多，但大部分人上班后，又因为我们的要求严格而退缩了。为此，我们付出了高额的财务成本、人力成本，付出了很多心血。每一个新员工，我们都是手把手地教，我甚至亲自给他们批改作业，倾囊相授，可大多数人还没有为公司创造什么价值就走了。

面对招人的问题，我们很纠结：是不是该降低一下要求呢？让那些有能力的人先干着，缺点以后慢慢改。但残酷的事实摆在眼前，结果都是以失败而告终。我们只能招没有从事过本行业的人员，一切从零开始，慢慢培养。这些年，我们坚持自主培养人才，虽然付出了很多，但也收获了很多。经过 20 多年的积淀，我们组建了一支高素质的生产队伍和销售队伍，且销售队伍正以惊人的速度发展壮大。这都是自主培养人才的结果。这些年，我们走得很艰辛，但也很踏实。

有句话叫“失败是成功之母”，而我认为，“总结”才是成功之母，因为如果失败了却不认真进行总结，就可能还会失败。我们也曾在人才培养和“空降兵”使用的问题上有过多次反复，经过一次次失败、一次次总结，才最终确定了走自主培养人才这条路。如果我们做错了事而不去总结、检讨，甚至为了面子死不认账，问题就永远得不到解决。所以，我们要经常反思、总结，勇于批评与自我批评，这也是“巧夺天工”的企业文化。只有这样，我们才能不断进步，“巧夺天工”的事业才能长久地发展。

今后，在招人用人方面，我们不再走弯路，只招志同道合的人，走自主培养人才的路。这条路，我们要坚定地走下去，永远都不能变。

08

打造「铁板一块」的管理团队

企业要想长远发展，必须拥有一支以大局为重、上下一心、“铁板一块”的管理团队，否则，再完美的计划、再宏伟的目标也不可能实现。很多企业干不好的一个重要原因，就是其管理团队不能团结一致，无法形成“拳头”，且各自为政，把大部分精力都用在了“内耗”上。

建厂初期，厂里没有管理团队，从生产到销售都由我一人负责。但我一个人的精力是有限的，随着生产规模不断扩大，客户越来越多，厂里急需组建一支管理团队。我们能否走出小作坊式的管理模式，这是关键的一步。

我准备从员工队伍中选拔干活最好的人来担任车间主任，负责管理工作。但这件事还真不好办，因为大家都是技术工人，之前没有从事过管理工作，不会干，也不想干，认为那是一个得罪人的活：管理得太严，员工接受不了；管理得过于宽松，产品容易出现质量问题，领导不满意。于是，大家都觉得还是少管闲事，踏踏实实干好自己的活比较好。

我了解到他们的顾虑后，就召开了一次会议，在会上做大家的思想工作：“我们搞管理，对事不对人，公司利益和个人利益并不冲突。只有严格管理，先让公司发展好了，职工的利益才能有保障。如果车间主任干得好，到了年底，工资翻倍！”通过做思想工作，有人愿意出来“管闲事”了，于是选拔出的第一批车间主任走马上任。可一段时间后，我发现他们中的大部分人干得并不称职。从一般工人直接晋升为车间主任，这个跨度确实有点大，干不好也在情理之中。转眼到了年底，要发工资了，大家都拭目以待，想知道工资翻倍的承诺能不能兑现。

在20世纪90年代，民营企业中很少有按月发工资的，大都是在麦季和中秋节各预支一次，到了年底再统一算账。年终工资发多少，只有等到年底结算时才知道。当时，工资的发放大致有以下几种情况：一是足额发，且全部是现金，但只有极少数的企业这样做；二是足额发，其中一部分是现金，余下的打到银行定期存折上，这种企业也不多；三是发少量现金，余下的打欠条，有的甚至连欠条也没有。春节拜年期间，大家见面后除了相互问候，最大的话题就是：你们单位今年发了多少钱？谁家发的工资多？明年打算去哪里干？

我从1995年建厂开始就足额发放员工的工资，给的工资待遇在同行业里算是最高的，并且发的全部是现金。因为我经历过贫穷，知道穷人想什么、怕什么——想的就是能挣到钱，怕的就是辛辛苦苦干了一年，到头来拿不到钱。

一年下来，尽管车间主任们的工作都干得一般，有的甚至还没入门，但是为了鼓励大家，我发的工资依然很多，这是大家所没有想到的。从此，中层干部的工资逐年提高，每年都远超他们的预期。当时在很多单位，管理人员虽然忙活了一年，也出了不少力，年底却得不到相应的工资待遇。而在我们这里，员工只要走上管理岗位，即使当年的业绩不是很好，公司也会兑现“工资翻倍”的承诺；那些干得好的，工资则会在翻倍的基础上更高。大家对于这样的工资待遇都很满意，公司的管理团队也逐渐建立起来。

做管理工作是要有天赋的。尽管工资发得多，大家都很满意，但是多数车间主任并不称职。他们中有的虽然有技术、业务能力强，但缺乏正义感且处事不公，在群众中没有威信；有的虽然群众基础好，但没有开拓精神。显然，这些人都不合适。没办法，我只能重新选拔一些有管理天赋、技术过硬、威信高、有正义感和大局观的人。有些岗位上的人选，换了好几次才最终确定下来。这个过程持续了好多年。

选拔车间主任的问题解决了，各个车间也有人管理了，但是依然存在很多问题，上下工序之间经常出现矛盾纠纷，每次都要我亲自协调处理、划分责任。在这些方面，我依然要耗费大量的时间和精力。比如，打磨车间的员工提出意见，说："木工车间的活干得太粗，榫卯的接口处应处理得再细致一些，圆弧处不能有棱角……"可木工车间的员工则认为，这些工作应由打磨车间去做。像这样扯皮的事情经常发生。我思来想去，觉得只有制定严格的制度标准，再选出一名德才兼备的生产厂长进行统一管理，才能从根本上解决问题。

通过长时间的考察，我从车间主任中选出了一位表现最优秀、最突出的人来担任生产厂长。一段时间后，他顺利地承担起车间内人员管理、安全生产、工序协调等工作，理顺了各道工序之间的关系，极大地减少了推诿、扯皮等现象的发生，车间生产逐渐实现标准统一、管理统一。本着"优中选优"的原则，我们逐步建立起成熟的选拔机制，所有的车间主任和班组长都需要按照标准进行选拔，他们要认可公司的文化，有责任心，有归属感，能为了一个共同的目标去努力。经过 20 多年的实践锻炼，公司终于打造出一支凝聚力强、战斗力强、“铁板一块”的管理团队。

2014 年，公司从黄庄镇搬迁至钢城经济开发区，生产规模不断扩大，在济南店、临沂店成功运营的基础上，我们打算在淄博、青岛、泰安等地开设直营店，急需组建一支高素质的销售队伍。为此，我们加大了招聘力度，试用、聘用那些品行端正、有大局意识、高度认可“巧夺天工”企业文化的员工。经过 5 年时间，我们逐渐建立起一支近 30 人的销售队伍，其中销售经理近 10 人，为公司将来的发展打下了坚实的基础。

2020 年初，我们确立了“直营模式”，计划在山东省内开设 30 家直营店，由总部调派销售经理去目标城市担任店长，然后在当地招聘新店长和店员，并将大家集中到公司总部进行培训学习，考察合格后才能上岗。外调店长以女士居多，她们中的大部分有家庭、有孩子。有的人需要全家搬迁至外地，为了照顾孩子，老人也要同行，在外地一住就是很多年；有的人几年内换了好几个地方，孩子的学习成绩因此受到了很大的影响；有的人是一个人管理多家门店，在几个城市之间来回奔波，今天在这个店，明天去那个店……这种状况还要持续好几年，可她们都毫无怨言。公司也很体谅这些长期在外的销售人员，在待遇方面给予了一定的政策倾斜。目前，我们已经开设直营店 50 多家。在公司的统一管理下，大家目标一致，上下一心。至此，“铁板一块”的营销队伍也建立起来。

在企业管理中，生产和销售等部门之间的配合至关重要。前几年，关于家具床体的投诉比较多，经常有客户反映买回去的床体有声响，于是，销售部就与生产部一起展开了研究。经过反复论证，终于找出了原因：这种床体是由很多零部件组装而成的，如果零部件之间存在缝隙，哪怕是极小的缝隙（有时仅一张名片纸的厚度），使用时也会发出“咯吱”的声响。为了彻底解决这个问题，生产部、设计部、销售部群策群力，对床体进行设计上的大调整，使其既能克服“有声响”这一弊端，又易于在楼道内搬运，且不影响美观。最终，我们改变了床体用零部件组装的原初结构形式，把整张床体改装成两张独立的床体，并用“走马销”加以固定。从此，再也没有客户反映过“床体有声响”这个问题。这种改装后的床体结构在红木家具行业也属首创。

生产部门、销售部门召开会议

面对问题，尽管总会有不同的声音、不同的意见，但是大家有着共同的目标，都有大局意识，不扯皮、不内耗，这样便消除了部门之间的壁垒，杜绝了各自为政。“巧夺天工”的团队成员，除稳定率高、整体素质高以外，还有十分关键的一点，就是成员之间协同作战的能力强，团队的凝聚力强，而这恰恰是企业管理中最重要的。这是我们20多年来严格选拔、自主培养人才的结果，是我们的核心竞争力。

公司优秀员工表彰大会

09

打破常规

自古以来，凡是杰出的军事家，都是“从战争学习战争”，一切从实际出发，不断总结经验。为将者，不只是勇冠三军，更重要的是要有谋略。“兵者，诡道也”，用兵之道，贵在“攻其无备，出其不意”。历史上的著名战役，不管是以少胜多的，还是以奇兵制胜的，都离不开为将者的谋略，也都有一个“求变”的过程，这就是打破常规。

商场如战场，企业的发展也需要一个“求变”的过程。若墨守成规、安于现状，就只能是“死路一条”。在“巧夺天工”创立之初我就发现，当时的家具行业以小作坊式的经营模式居多，管理非常落后，我们要想走出“小作坊”，就不能沿袭之前的生产方式，必须在管理模式和用人制度上打破常规。我们推行“批评文化”“追根究底文化”，坚持自主培养人才，实行“明码实价”政策，创新实现“流水线标准件生产”、“一木一器”制作红木家具、“上下工序互检”制度……这些都是我们与众不同的地方。

为了更好地服务客户，2020 年，我们再一次打破常规，把这些年摇摆不定的销售模式确定为“直营店模式”。可以说，这是一项工作量极大的工程，它要求我们必须加大招聘销售人员的力度。民营中小企业在招人方面是不占优势的，当我看到有些单位计划招收 20 名本科生，却有几百名甚至上千名本科生、研究生前来报名时，我是何等羡慕！目前，我们招聘的销售人员还是以大专生、高中生为主，偶尔会有本科生，但也只是个例。有些店经营了一年多，陆续前来应聘的能有上百人，最后却一个也没留下。导致这种局面产生的原因，除了我们要求高之外，还有就是高学历的人往往不愿意从事这样的工作。但即便如此，我们也会坚持做下去。2021年，在同行业绩纷纷下滑的情况下，我们的销售业绩却在稳步增长，并呈现出良好的发展势头。

生产人员的招聘情况也一样。我们每年招收新员工二三百人，可一年下来，留下的仅二三十人。在这些人中，有的老木工连自己的名字都不会写，更谈不上有高学历了。可就是我们这样一群人，硬是实现了“流水线标准件生产”。很多同行和专家在参观、了解了我们的企业后，都感慨地说：“‘巧夺天工’不可复制。”之所以能取得这些成绩，就是因为我们从创业之初到今天，一直在打破常规。

“打破常规”，很久以前我就想写一写这个题目，可后来又搁置了，因为很多人认为这个题目太大。但当我想到，若有一天，我的接班人没有了这种打破常规的创新精神，“巧夺天工”这个品牌也将随之而消失时，我便不再有那么多的顾虑。有多少人对此能真正理解和认可，其实并不重要，关键是能借以提醒后人：为了做传世精品，打造百年企业，我们要敢于挑战自己，耐得住寂寞，潜心研究，不断创新，坚持打破常规。

打造百年企业

10
创业永远在路上

公司成立20多年来，我们经过实践与探索，大胆地走自己的路，坚持员工自主培养，形成了独特的企业文化。独特的企业文化使我们最终锻造出了一支“铁板一块”的管理团队。历经10年的时间，我们彻底实现了红木家具标准件生产、智能化制造。在销售方面，我们克服了各种困难，于2011年实行“明码实价”政策，这项政策如今也已深入人心，成为“巧夺天工”的特色。我感觉，公司的发展已经走上了正轨。

2019年腊月三十，是我55周岁的生日。这一天，我召开会议，宣布了一些相关制度，比如，管理人员60岁退休，以及管理人员的直系亲属不能来公司上班等。我准备再干两年就提前卸任，让年轻人去干。可没想到，2020年初突如其来的新冠肺炎疫情让大部分实体企业受到了巨大的冲击，有一些被迫停业，“巧夺天工”也因此经受了严峻的考验。疫情把我“关”在家里整整两个月，我每天都在回顾、反思、总结企业的发展历程，这让我有了更深刻的认识和感悟。企业做得越大，风险就越大，管理者肩上的担子就越重。想想这些年来，我每走一步、每做一个决定，都是小心翼翼、战战兢兢，因为一旦决策失误，轻则让我们走很多弯路，重则把企业推向万劫不复的深渊。创业的过程困难重重，危险无处不在，比如这次疫情的来临，谁能想得到？真是天有不测风云。现在，我们的企业还太年轻，抵御风险的能力还不强，所以我和我的团队都必须时刻充满危机感，始终秉持创业者的心态，带头前行，让企业继续保持健康良好的发展势头。这就要求我们未来做每一项决策，都必须慎之又慎。想到这些，我提前退休的想法顿时全无，思想上更感压力巨大。

公司从 2007 年开始转型生产红木家具，2014 年搬迁到新厂区，规模、产能成倍增加。2015 年，公司开始对外招代理商。但经过一段时间的运转，我们发现这条路并不好走，于是，2017 年转而采取以直营店为主的销售模式。由于销售人员严重不足，我们只能选择在北京、上海等城市开设大型直营店，因而忽视了对山东省及周边地区的市场拓展，现在看来这是错误的。2018 年，我们采取了“直营店＋代理商”的销售模式。运转两年后，我们发现仍然存在很多问题。这些年来，我们在销售模式上左右摇摆，给公司的发展造成了不可估量的损失。疫情期间，我静下心来思考，想起之前探索“流水线生产模式”时，从计划实施到成功运转，我们用了 10 年的时间，其中的艰辛自不必说，但我们之所以能扛过来，并取得成功，是因为从一开始就树立了坚定的信念。相反，这些年的销售模式之所以左右摇摆，根本原因就是我们没有树立坚定的信念。想明白这一点后，我下定了决心，于 2020 年重新制定了销售政策，把“直营店＋代理商模式”转为“直营模式”。这是一项工作量极大且难度极高的工程，目前业内还没有同行去做。我们既然下定了决心，就要排除一切困难，坚定不移地走这条路，而且必须要走好。

2020 年 4 月初，疫情形势趋于稳定后，我们便着手在公司的周边地区选址开店，计划到当年年底开 30 家店，因此急需招聘大量的销售人员，建立起一支销售队伍。之前讲过，我们培养一名销售人员至少需要一年的时间，培养一名销售经理则需要三至五年的时间。而当时，只有店面装修期间的 3 个月时间，能行吗？非常时期需要采用非常手段，我们必须打破常规——第一批店长由总部直接派遣，再利用这中间的时间空档招聘新员工，将他们集中到总部进行培训。

之前直营店难做的根本原因就是缺人，招人的范围仅限于济南市莱芜区这个小圈子，后来则是在哪里开店就在哪里招人，范围扩大了，来应聘的人也多了。一批批来自四面八方的销售人员会集到总公司，他们经过严格、紧张的培训和学习，逐渐成长起来，缓解了销售人员紧缺的局面。截至 2021 年 8 月，我们在山东已开设近 50 家直营店，且都在逐步进入正轨。

在生产方面，这些年来，我们一直走在科技创新的路上，逐步推进红木家具生产的智能化转型。我们引进了世界顶级的意大利五轴联动数控加工中心等先进设备，同时，根据生产过程中遇到的问题，向我们的砂光机、推台锯、雕刻机等机械设备供应厂家提供修改建议，帮助他们设计出更科学合理、更易于操作、更快速精准的设备。

我们也在不断潜心研究、提升生产工艺。在木材干燥方面，针对红木烘干这一技术难题，我们在进行技术研发并获得国家发明专利的基础上，总结出了一种更为科学合理的烘干方法。利用这种烘干方法，可以实现 8 cm 厚的面板不收缩、不变形，面板直接拼接而无需预留伸缩缝。因此，客户不用再在班台、茶台、餐桌面上放置玻璃了，而能够直接体验到红木温润细腻的手感，从而大大提升了使用感。这一创举使得桌案类家具更实用、更美观，得到了客户的一致认可。

这个世界上优秀的企业有很多，成功的案例也有很多，但红木家具行业作为一个特殊的行业，目前还没有成功的案例供我们借鉴与参考，这就需要我们探寻出一条适合自身发展的道路。我从事家具行业40多年了，到今天为止，才多少对“怎样经营和管理企业”有了一些感悟。这些年，我们创造了业内的多项“第一”和“唯一”，因此很多人认为，创业到现在，我已经很成功了。但在科技飞速发展的今天，我深刻地预感到，还有很多项业内的“第一”和“唯一”在等着我们，未来的路还很漫长，永远没有“成功”一说。近期，我们又引进了现代化的生产管理软件。尽管培养一线工人使用数字化平台、形成数字化思维是非常困难的，但面对智能制造的浪潮，我们必须走在前面，不断创新，保持进步。

我们要继续研究、探索、实践，这个过程是无限期、无止境的。创业，永远不可能画上句号。企业发展无止境，创业永远在路上。

附录

业界回响

业界回响

01

山东巧夺天工家具有限公司董事长张爱冬专访

《家具与室内装饰》杂志主创人之一 王周

王周：通过近期在“巧夺天工”的调研，我对红木家具的制作工艺有了更深入的了解，尤其对“巧夺天工”的选人、用人理念颇感兴趣，为“巧夺天工”20多年来100%的中层干部稳定率所惊叹、折服，这在一个民营企业中是很难做到的。今天，咱们就先聊聊这个话题吧。

张爱冬：好的。中层干部的高稳定率与我们独特的选人标准有关系。我们一直奉行“道不同，不相为谋”“厚德载物”等企业文化，在普通员工的选拔上，我们的标准就很高，只要不合适，决不将就；对于中层干部的选拔，则更加慎重。经过层层筛选，最终选拔出来的管理人员必须德才兼备，与我们志同道合。这些年来，企业的这些中层干部一直勤勤恳恳，为人忠实可靠，干部稳定率始终保持在100%，我相信，再过20年也会是100%。

王周：在如此严格的条件下选拔出的管理人员，其优秀程度可想而知。对于今后20年都要保持100%的稳定率，您的胜算在哪里?

张爱冬：“利可共而不可独，谋可寡而不可众。”作为企业的“一把手”，要有长远的眼光和足够的魄力，要绘制出企业未来发展的蓝图，让员工看到希望，有奔头。这些百里挑一的中层干部，是支撑企业发展的脊梁，也是企业的一笔巨大财富。他们需要的不只是金钱，还有一份属于自己的事业。“巧夺天工”能取得今天的成绩，凭借的不是我一个人的付出，而是大家共同努力的结果，劳动成果必须与大家共同分享。现在，我的任务就是把这个平台搭建好，让这些有能力、想干事的人放开手脚去做事。就算再过 20 年，我也有信心能保持 100% 的稳定率。

王周：企业发展越来越好，人员稳定就是顺理成章的了。一个好的企业是社会的财富，也是我们消费者的财富。纵观整个红木家具市场，大企业十分鲜见，小作坊居多，您能讲一下其中的原因吗？

张爱冬：我们生产红木家具十几年，在我看来，制约红木家具行业发展的因素有三点。

一是从业者的文化水平普遍偏低，企业对他们很难做到系统管理。由此，这也成为制约企业发展的瓶颈。

二是企业的负责人缺乏社会责任感，只追求眼前利益，把生产红木家具当作一种谋生的手段，能真正耐住性子做品牌的很少。

三是生产红木家具的成本高、投入大、风险高。受红木原材料价格高、生产周期长、用工多等因素的影响，容易造成资金积压，周转过慢。同时，传统企业在银行贷款、融资、上市等方面又相对处于劣势，导致发展过程中困难重重，且规模越大风险越大。

王周：既然现状如此，那如何才能破局创新呢？

张爱冬：这种局面在将来很长一段时间内是很难彻底扭转的，受制的因素太多。当前的大学生大都不看好传统家具行业，年轻人也沉不下心来学习木工技术。虽然机械化程度越来越高，但这个行业仍需要很多有木工技术的工人。“武器是战争的重要因素，但不是决定因素，决定因素是人不是物”，传统家具行业正处于后继乏人的困局之中。

王周：面对这种局面，“巧夺天工”如何应对？

张爱冬：“不谋万世者，不足谋一时；不谋全局者，不足谋一域。”如果不从长远考虑企业的发展，不自主培养人才，那么企业终将面临危机。我们早在几年前就着手培养年轻人，目前，已有部分员工走上了重要岗位。

王周：中国人的寿命越来越长，但民营企业却难以“延年益寿”，您认为问题出在哪里？

张爱冬：没有长远规划的企业注定走不远，这个自不必说。也有些企业在发展高峰期突然倒下，究其原因，问题大都出自企业内部，正所谓“堡垒最容易从内部攻破”。前面说过，企业的主要负责人要有眼光、有魄力，除此之外，还要做到以下两点。

一是任人唯贤。很多民营企业做不好的原因在于任人唯亲，只信任自己的家人、亲戚、朋友，并将他们安排在重要的岗位，认为只有“自己人”忠实可靠。在我看来，这是错误的做法，而正确的做法应该是：敞开大门，招贤纳士，广开言路，任人唯贤，做到“英雄不问出处”。

二是公平公正。在处理问题时，特别是处理下属之间的矛盾和纠纷时，一定要公平公正，做到“一碗水端平”。那怎样才能做到“一碗水端平”呢？就是要没有私心，不管当事人是新员工还是企业元老，也不管他担任的是什么职务，更不管他有什么身世背景，都要一视同仁、实事求是。在工资待遇上，更要做到公平公正，依据每个人的贡献大小进行合理分配，正所谓“不患寡而患不均”，想要做好这一点，最重要的就是要没有私心。

王周：那么，作为企业的中层管理干部，应该怎样做？

张爱冬：一是格局要大，心胸要宽。格局小的人只看到坏处而看不到好处，只在乎眼前而不看长远，只看到自己的付出而看不到他人的努力，如果这种人多了，队伍就会形成帮派，逐渐走向分裂。这就是有些企业在鼎盛时期突然倒下的原因之一，也就是堡垒从内部被攻破了。

二是做到“在其位，谋其政”“不在其位，不谋其政”。一项工作，只有深入其中，经过透彻了解，才能提出合理化建议，没有调查研究就没有发言权，就不能随便对他人的工作评头论足。

三是重视实践，不要纸上谈兵。那些只动口、不动手的人，无法将理论与实践相结合，难以独立完成一项工作，是不能独当一面的。

四是把每一件小事做好。很多人认为，管理者是做大事的人。其实，大事都是由小事组成的，小事做不好，大事就更做不好，正所谓“一屋不扫，何以扫天下”。

王周：一个企业能走多远，最终还是取决于掌舵者的格局和眼光。您对当前红木家具市场有什么看法？

张爱冬：我们从2007年开始生产红木家具，经历了2010年的辉煌期、2014年的低迷期、2016年的高峰期，虽然其间出现过波动，但我们所占的市场份额一直在不断扩大，消费者群体也越来越庞大。如今，国家也在大力弘扬中华优秀传统文化，我认为，红木家具行业正在迎来更加光明的未来。

王周：目前，很多人不看好传统行业尤其是红木家具行业的发展前景，认为消费人群有限，市场已接近饱和。对此，您怎么看？

张爱冬：其实，红木家具行业是一个朝阳行业，只是从业者做得还不够好，限制了整个行业的发展，导致行业内出现了很多问题。一是市场乱、精品少，这让很多红木家具爱好者望而却步。二是有的产品粗制滥造，使上当受骗的消费者心灰意冷，对红木家具失去了信心。三是宣传力度不够，没能让人们对红木家具的价格和价值有真正和充分的了解。

王周：那您认为，对于从业者而言，下一步该怎么做呢？

张爱冬：2015 年，红木家具行业迎来了一次大洗牌。这就要求从业者提高整体素质，下功夫把产品做好，只有精品多了，才能加速优胜劣汰的过程。将粗制滥造的产品逐出市场后，红木家具的市场前景将不可估量。

王周：听您这样说，我也对红木家具行业的发展前景充满了信心。

张爱冬：作为红木家具生产制造企业，我们有责任、有义务把产品做好，做出我们这个时代的特色，让更多人用上精品红木家具，也让蕴含于红木家具中的中华优秀传统文化世世代代传承下去！

（本文创作于 2018 年 10 月）

业界回响

02

品牌人格化的基业

第一家具网山东总编辑 黄治开

据抽样调查显示，中国民营企业的平均寿命仅为3.7年，中小企业的平均寿命仅为2.5年，那么，“巧夺天工”是如何走过了24年且仍然保持强劲发展势头的呢？

一个企业的发展取决于领导者的眼光、思路和魄力。“巧夺天工”之所以会在生产管理、经营理念、企业文化等方面与众不同，追根溯源是因为它有一位与众不同的领导者——董事长张爱冬。

张爱冬，1964年冬出生在山东省济南市钢城区的一个普通农民家庭里。他虽然没有受过高等教育，也没有显赫的家世背景，却因其自身独特的性格特质而决定了命运——他的性格不仅决定了其个人的命运，也决定了企业的命运。那么，是怎样的性格特质让他带领“巧夺天工”拥有了今天的发展呢？

简单真诚　务实本真

“巧夺天工”现有员工1000余人，就生产规模与研发能力而言，在全国位居首位。尽管如此，董事长张爱冬为人却极为谦逊，他求真务实、平易近人，这或许与他年轻时的经历有关。

张爱冬15岁初中毕业后就进入了社会，在生产队务农两年，干着成年人的活，深切体会到了农民的艰辛。17岁时，他开始学习木工技术，拉锯解料、刨料、打卯等全要靠自己手工作业。很多人因为吃不了这些苦而中途放弃了，张爱冬却坚持了下来，他也因此养成了吃苦耐劳、严谨仔细的品质和习惯。如今，张爱冬还是长年坚持与生产研发部门一起研究家具制作，从未忘记自己是一个木匠。他始终认为，把家具做好才是木匠的本分，也坚信只有守住初心，才能获得成功。

张爱冬的这种“务实”，成为企业稳步发展的基石——踏踏实实做好产品，扎扎实实服务客户。在如今这个浮躁的社会，“巧夺天工”的“务实”则更加显得难能可贵。因“务实”而衍生出的“追根究底文化”和实事求是的“批评文化”，都成为“巧夺天工”独特的企业文化。

张爱冬性格里的真实、简单，同样体现在“巧夺天工”的品牌文化中。“巧夺天工”生产线上的所有环节都对外开放，客户可以随时前来参观：表里如一的“真实文化”在这里得以呈现；产品价格实行“明码实价”，价值与价格相统一的“简单文化”也在这里得以呈现。因为真实，所以简单；因为真实，所以有力量。真实、简单，由此成为“巧夺天工人”的共同特征。如果你与他们有过交往，便会感受颇深。

乐观向上 敢为人先

在“巧夺天工”创立伊始，张爱冬就确立了“打造中国红木家具第一品牌”的战略日标，并制作了牌匾挂在展厅的外墙上，让大家一进厂区就能看到。

一开始，很多人看到后会对此嗤之以鼻，甚至有朋友说：“赶紧摘下来，别让人笑话。”

然而多年后，当人们再次看到这个牌匾时，不由得感慨："原来你们一开始就有这样的远大抱负，'巧夺天工'前景广阔啊。"

"巧夺天工"于2011年实行"明码实价"政策——不打折，不议价，托人、找关系都没用，这在红木家具行业里是独树一帜的。本来这是一件好事，但刚开始还是经历了一段比较艰难的过程。有些人认为不给优惠不行，有些人认为老板不亲自接待不行，还有些人说："难道不选'巧夺天工'的产品，就用不上红木家具了吗？"张爱冬并没有因此退缩，他说："实行'明码实价'才是对消费者负责任的做法。我相信这个社会是向前发展的，再难也要坚持下去！"

如今，"明码实价"已成为"巧夺天工"的品牌特色。在行业内，品牌之间虽然竞争激烈，但大家对"巧夺天工"实行"明码实价"都大加赞赏，认为这种做法为本行业树立了榜样。有业内人士说："能把'明码实价'坚持下来，并且创出了品牌特色，这种魄力确实让人敬佩！"

2013年年初，张爱冬打算在钢城开发区征地200亩，建设"巧夺天工红木工业园"。开会讨论时，大家对此都不同意，认为条件还不成熟，并且跨度太大。张爱冬说："不发展就是后退。政府招商引资，对企业的支持力度大，我们不能错过这个机会，即使是'夹生饭'也要吃下去。"在大家的担心和质疑声中，"巧夺天工红木工业园"于2013年3月奠基开工，并于当年年底竣工投产，这为企业日后的快速发展打下了坚实的基础。

2014年，红木家具行业的“寒冬”来临，企业发展遇到了前所未有的困难。按照常规思维，应该先稳定现金流以渡过难关，不应再有“大动作”，张爱冬却在此时提出建设“巧夺天工红木文化博物馆”，于是引来一片反对声。但经过几番激烈的争论，他最终还是力排众议。博物馆于2014年7月开始建设，2015年12月20日开业。2016年，博物馆的效应开始显现，直到此时大家才意识到，张爱冬的决策是多么具有前瞻性！

回顾这些年，张爱冬的每一步似乎都是在反对声中走过的，而事后大家才会发现他的睿智。他的这种乐观向上、不怕困难、敢为人先的创新精神，源于他长远的战略眼光——只要认定目标，就不遗余力地去实现。

执着专注 精益求精

随着企业的发展壮大，有了一定的积累，不少朋友建议张爱冬开辟其他产业，进行多元化经营，这样既可以规避风险又可以增加利润。但他认为，一个人倾其一生做好一件事就很了不起，对他而言，做好红木家具就是开创了百年基业，决不能分心。正是他的执着专注、一心一意，使得“巧夺天工”仅用短短几年时间就异军突起，创造了令人瞩目的业绩。

“巧夺天工”的产品内外同工，质量标准没有“里外”之分。对此，团队中的一些人很不理解。他们认为没有必要对家具上不明显的地方要求得如此“苛刻”。张爱冬当即表态：要想做出精品，就要高标准、严要求；我们最大的“敌人”是自己，要尽最大的努力把产品做到最好。我们的标准只会越来越高，在这一点上，大家必须统一思想，换不了思想就换人！

正是张爱冬“执着专注，要做就做到最好”的理念，引领着“巧夺天工”向“打造中国红木家具第一品牌”的目标一步步迈进。

大爱无形　厚德载物

严格管理就是大爱。谈到管理，张爱冬常说，“企业管理不严就是犯罪”。很多人在刚听到这句话时会不理解，觉得管理不严最坏的后果就是企业倒闭，何谈犯罪？殊不知，若企业管理不严，任由错误发生、蔓延而不予以纠正，风气败坏而不予以扶正，长此以往，员工就会习以为常，养成一身坏习惯，不良的习气也会在企业内滋生，这样终将害己害人，说是“犯罪”实不为过。

毛病是惯出来的，本事是逼出来的。“巧夺天工”的严格管理不仅让员工养成了严谨、仔细的好习惯，还促使他们不断进步，快速成长。很多老员工表示，当走过这段路回头看时，内心充满了感激之情。正是有了这样的管理，才让自己始终走在成长的路上，人生不被蹉跎。

钢城区及周边地区的人都以进入“巧夺天工”工作为荣，因为这里不但薪资高，而且其他方面的待遇也好。员工宿舍是四人一室，有独立的卫生间和厨房，居家设施一应俱全；公司斥资引进的丹麦布袋除尘器，其除尘率达 90% 以上；工厂施行“7S”管理办法，车间内的环境井然有序；员工的健身中心配有各种运动器材，厂区内还修建了中式园林，另有亭台楼阁、奇石花木、小桥流水，员工可在工作之余运动健身，陶冶情操。

“巧夺天工”始终坚持不抛弃、不放弃。2014 年，红木家具行业遭遇了前所未有的“寒冬”，“巧夺天工”的效益也因此有所下滑。当时，有人提议效仿其他企业降薪裁员，以求自保。张爱冬当即表示反对，他说：“这些员工跟随企业多年，一直兢兢业业，这份工作是他们整个家庭的支柱。企业有困难，我们可以想办法克服，就算不挣钱又怎样？我们要有这份担当。”同时，他还在员工大会上做出承诺：无论多困难，“巧夺天工”都坚持不裁员、不降薪、不放假！

正是这种不抛弃、不放弃的大爱精神，成就了一支高稳定率的员工队伍。即便是在家具行业人才流动频繁的今天，“巧夺天工”的员工稳定率仍一直保持在 95% 以上。目前，“巧夺天工”拥有员工 1000 余人，其中的大部分人在公司工作了十几年，有的甚至是二十几年，团队的凝聚力可见一斑。

创业以来，张爱冬身上的利他精神、工匠精神，以及对社会、行业的责任与担当，都回归到了一个词——“大爱”之上。只有对他人心怀大爱，才会凡事都想着别人；只有对红木家具事业心怀大爱，才会倾其所有创下基业；只有对社会心怀大爱，才能举全公司之力，推动整个行业的发展；只有对员工心怀大爱，才能培养出一支众志成城的团队，在红木家具市场上挥洒热血。

同时，因大爱精神所形成的企业文化和经营管理理念，也具有十分深远的社会意义。

品牌人格化

张爱冬的利他精神是“向外求”的处世态度，工匠精神是“向内求”的自我提升，大爱精神则是“向高处求”的人生哲学。正是这些精神的滋养，使得“巧夺天工”成功实现了品牌人格化，让每件产品都具有了灵魂、传递着温度，成为能让人感受到本真、坦荡、谦逊的作品，而不再是冷冰冰的商品。

如今，“巧夺天工”又确立了“打造百年企业，只做传世精品”的奋斗目标，张爱冬及其精英团队的那种执着专注、分毫必争的工匠精神，将一如既往地发挥重要的支撑作用，也必将引领企业走向更加广阔的发展天地。

（本文创作于 2018 年 10 月）

后记

文 / 张爱冬

《巧夺天工》出版后，我们又着手准备出版《百年工匠》。儿子和我一起整理文章时，对我说："你还写起来没完没了了，写这些有用吗？"我说："孩子，我写的这些不但有用，而且很重要。我之所以要把这些年的经历和做法写下来，主要有三个目的：第一，揭开红木家具制作的'神秘面纱'，让更多的消费者了解红木家具的制作过程，以推动这个行业健康发展；第二，让员工知道，公司发展到今天不容易，大家要珍惜现在的工作岗位，干好自己的本职工作；第三，告诫我们的后人，让他们了解红木家具行业的特殊性。打造百年企业不只是我们这一代人的事，也不是我和你的事，它需要几代人的努力，想挣快钱就不要从事这个行业，想挣大钱也不要从事这个行业。"

很多民营企业家会担心自己百年以后，企业该如何发展下去，不确定下一代能不能担起重任；即使下一代能做好，那再下一代呢？俗话说"富不过三代"，打造百年企业说起来简单，做起来却没那么容易。我把这些年的经历写下来，把这个行业的特殊性写下来，就是要给后人提供一些参考，希望他们耐住性子，少走弯路。